企业经营实务操作百宝箱

企业财务要点与税务实操

李亚轩◎著

清華大學出版社
北京

图书在版编目（CIP）数据

企业财务要点与税务实操 / 李亚轩著．—北京：清华大学出版社，2021.7
（企业经营实务操作百宝箱）
ISBN 978-7-302-57724-9

Ⅰ.①企… Ⅱ.①李… Ⅲ.①企业管理—财务管理—中国②企业管理—税收管理—中国 Ⅳ.① F279.23 ② F812.423

中国版本图书馆 CIP 数据核字（2021）第 050127 号

责任编辑：刘志彬
封面设计：孙至付
责任校对：王荣静
责任印制：宋 林

出版发行：清华大学出版社
网 址：http://www.tup.com.cn，http://www.wqbook.com
地 址：北京清华大学学研大厦 A 座 邮 编：100084
社 总 机：010-62770175 邮 购：010-62786544
投稿与读者服务：010-62776969，c-service@tup.tsinghua.edu.cn
质 量 反 馈：010-62772015，zhiliang@tup.tsinghua.edu.cn
印 装 者：三河市金元印装有限公司
经 销：全国新华书店
开 本：170mm×240mm 印 张：16 字 数：220 千字
版 次：2021 年 7 月第 1 版 印 次：2021 年 7 月第 1 次印刷
定 价：69.00 元

产品编号：088451-01

序言
PREFACE

21世纪是一个科技创新的时代，世界各地每一天都在变化，这些变化导致世界经济变化莫测，企业的竞争加剧。中国企业每天都面临着严峻的考验，怎样在这变化莫测的环境中生存下去是每家企业面临的首要问题。

在对企业各个方面分析后，我们发现，想要让企业在激烈的竞争中立于不败之地，除了要拥有良好的经营策略，还要重视企业的财务管理和税务管理，因为企业竞争胜负的关键就是利润，而企业的利润跟财务和税务息息相关。

纵观那些长盛不衰的企业，它们的管理阶层对公司的财务部门和税务部门的重视程度都非常高，有时为了招聘一个合适的财税人员而大费心机，有时为了一项财税制度的落实而大费周折。

有的企业管理者根本没有意识到财税人员的重要性，认为财务人员就是对企业已经产生的数据进行计算而已，认为税务人员就是报税而已。要怎样改变这些管理者对财税人员的片面认识，让他们认识到财务人员不仅仅是计算数字，还能对企业的未来作出预测和分析，还能对企业各项活动的费用提前作出预算？要怎样做才能让他们认识到企业税务人员不仅仅是报税，还能帮助企业节约成本，还能通过税务筹划降低企业的税负呢？

要改变管理者对财税人员的片面认知，就需要广大财税人员的共同努力了，需要财税人员将自己的专业知识变成实实在在的利润，让那些还没发现财税人员潜在价值的管理者改变自己的看法，以后再也不敢轻视财税人员提出的意见和建议。

本书是一本帮助财务人员和税务人员提高自身业务水平和技能的工具书。通过学习本书，你可以知道财税人员需要做哪些工作，具体应该怎样去做，并在实践中不断提升自己，最后成为企业财税方面的专家。

为了方便财税人员尽快找到与自己工作相关的知识，全书共分为“企业财务要点”和“企业税务实操”两个部分。在第一部分“企业财务要点”中主要介绍了财务部门的搭建、财务报表的编写、财务预算、财务监督、财务分析及财务风险管理等知识。如果你想要学习怎么编制财务报表，那就直接学习对应的章节以节约时间。

第二部分“企业税务实操”，主要内容有：税务人员会涉及的一些税法，税务人员经常涉及的增值税、企业所得税以及消费税，一些不常涉及的企业税种，一些税种的纳税筹划等知识。税务人员可根据自己的实际需求，直接翻到对应的章节进行学习即可。

无论是财务部分还是税务部分，本书的宗旨就是方便财税人员直接套用，为此，书中提供了大量的图表以及最新的经典案例。本书第二部分还对2020年一些最新出台的税务政策进行了分析和总结，将一些优惠政策也做了总结并放入相应的章节中，方便读者查阅。

因为本人水平有限，书中难免会有所疏漏和不足之处，恳请广大读者批评指正。

李亚轩

2020年9月30日

扫码获取附赠表格

目录

第一部分 企业财务要点

第二部分
企业税务实操

第一部分

企业财务要点

第一章　怎样搭建一个高效的财务部门

第一节　高效财务部门的组织结构

在现代企业管理中财务部门是一个重要组成部分，从筹资开始，到资金的运营，再到资本的运作，都有财务人员的身影。制订企业年度经营计划、编制企业年度财务预算、整合公司业务体系资源、编写企业经营管理的财务分析报告都需要财务人员参与其中，可以说财务人员涉及企业经营的方方面面。

如果将企业的活动简化为两项，那么，除了经营就是财务，可见财务对企业来说是多么重要。这么重要的部门，如果不能高效地运作，对企业意味着什么也就可想而知了。所以，企业在组建财务部门的时候，要坚持以下原则：

一、系统原则

企业管理本身就是一个大的系统，财务部门是这个大系统中的一个子系统，企业要根据经营规模和管理组织的大小、经营方针及发展规划来设计财务部门的组织结构。通常情况下，小企业的财务部门主要满足核算作用就行，所以财务组织规模较小；而大中型企业的财务部门本身就是管理系统中的一个，它深入企业经营中的每一个环节，具有完整的管理组织结构。

二、控制原则

财务部门的一个基本职能就是对企业经营进行监督管理，所以在设置财务部门的组织结构时，要充分考虑企业的这个需求。

三、成本效益原则

企业管理的最终目的是实现企业的最大效益，所以设置财务部门的组织结构时要遵循有效原则。各企业应立足于自身的实际情况，根据自身需求去设置适合自己的财务组织机构。

财务组织机构的形式有很多种，每种形式都有自己的优缺点。企业要根据自身的实际情况选择一个最适合自己的组织结构，如果选择了不适合自己的财务组织结构，不仅会导致财务管理工作效率低下，还会给企业带来各种经营管理的风险。

当前比较典型的财务组织结构主要有职能管理型组织结构、责任中心型组织结构两类，下面将逐一介绍，各企业可根据自身的情况，选择最适合自己的组织结构。

一、职能管理型财务组织结构

职能管理型财务组织结构是最基本的财务组织形式。使用这种财务组织结构的企业，需要一位综合型的财务管理人员，能处理各项事务，涉及的工作内容繁多，所以只适用于一些规模不大、业务量不多的中小企业，其组织结构形式，如图1－1所示。

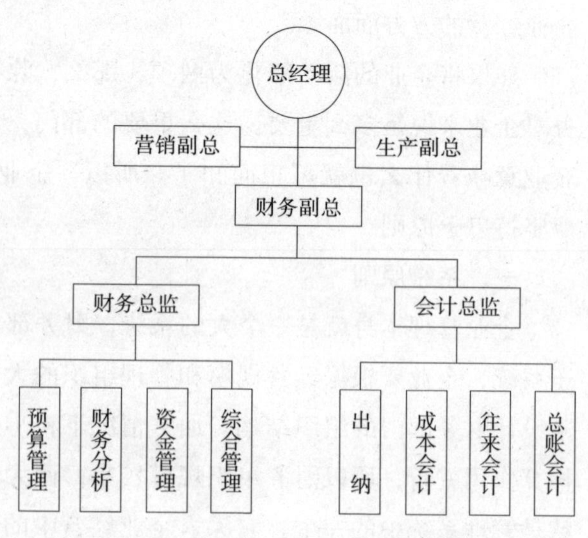

图1－1　职能管理型财务组织结构图

这种财务组织结构简单，权责分明，能够很好地实现财务目标。当企业处于起步阶段，所涉及的业务量不多时，可以采取这种组织结构，使用时可根据企业业务量的大小将一些岗位合并，例如财务分析和预算完全可由一人兼任。如果企业规模更小，可以取消一些岗位，将财务部设计成如图 1－2 所示的模式。

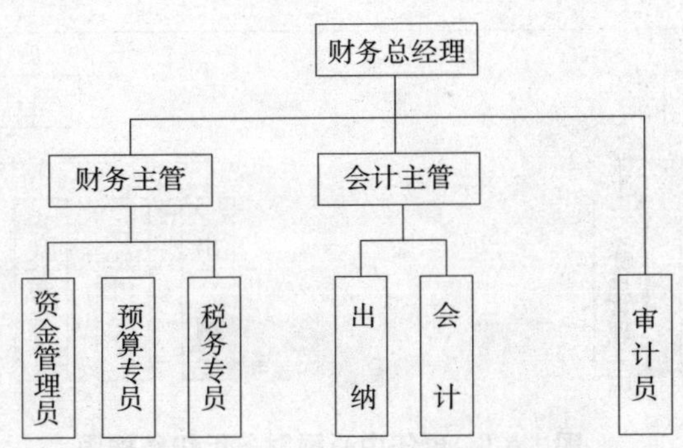

图 1－2 中、小企业财务部组织结构图

从职能管理型的组织结构图可以看出，这种组织结构模式纵向层级分明，各部门之间横向沟通比较少，这样就会导致高层财务管理人员超负荷运转的财务风险。所以采用这种组织结构模式的企业要加强各部门横向的联系，让各部门对企业总的财务目标有一个整体的意识，从而同心协力实现企业的总体目标。

二、责任中心型财务组织结构

有的企业其财务组织形式直接是在原有的管理结构基础上，根据不同的责任中心增加了财务组织，这种结构叫责任中心型财务组织结构。

通常情况下，如果某企业是以某一经济目标进行经营管理，并且这个经济目标能进行单独的经济核算，那么其财务部门就可以采取责任中心型财务组织结构，比如车间、分厂等都可以当作一个单独的责任中心。其具体组织结构如图 1－3 所示。

这种形式的财务组织结构，其优点就是能分级管理、分级核算，相对来说财务管理方面比较细致，这样更能发挥财务部门的职能作用。不过，这样的结构也有自己的缺点，那就是每个责任中心为了维护自身的

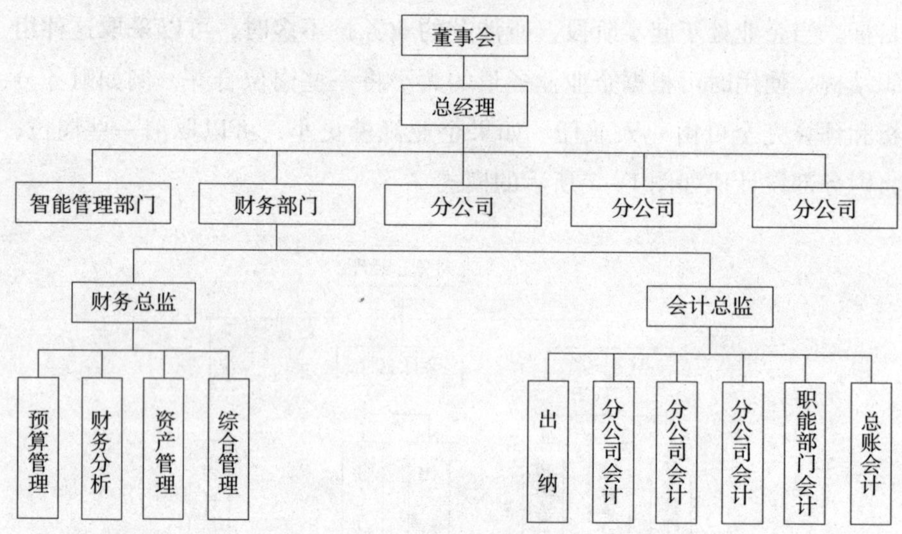

图 1－3　责任中心型财务组织结构图

利益，而不顾企业其他责任中心的利益，从而缺乏协调性。

此外，对于有分公司或分支机构的企业，其总公司财务部门的组织结构可参考图 1－4 这样的形式。

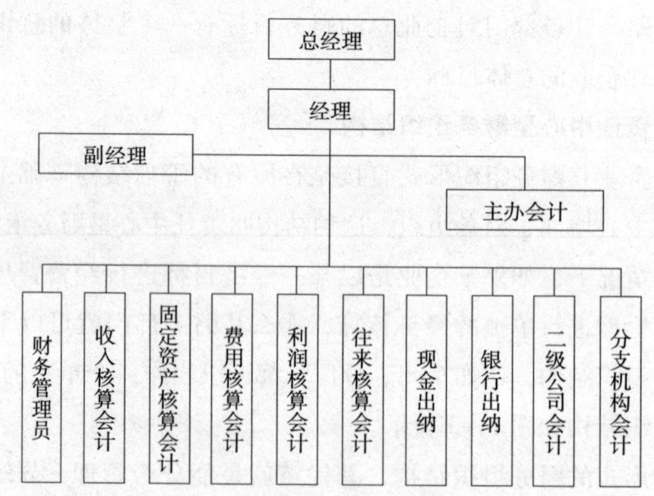

图 1－4　有分公司或分支机构企业财务组织结构图

如果大型集团公司，其财务部门组织结构可如图 1－5 所示。

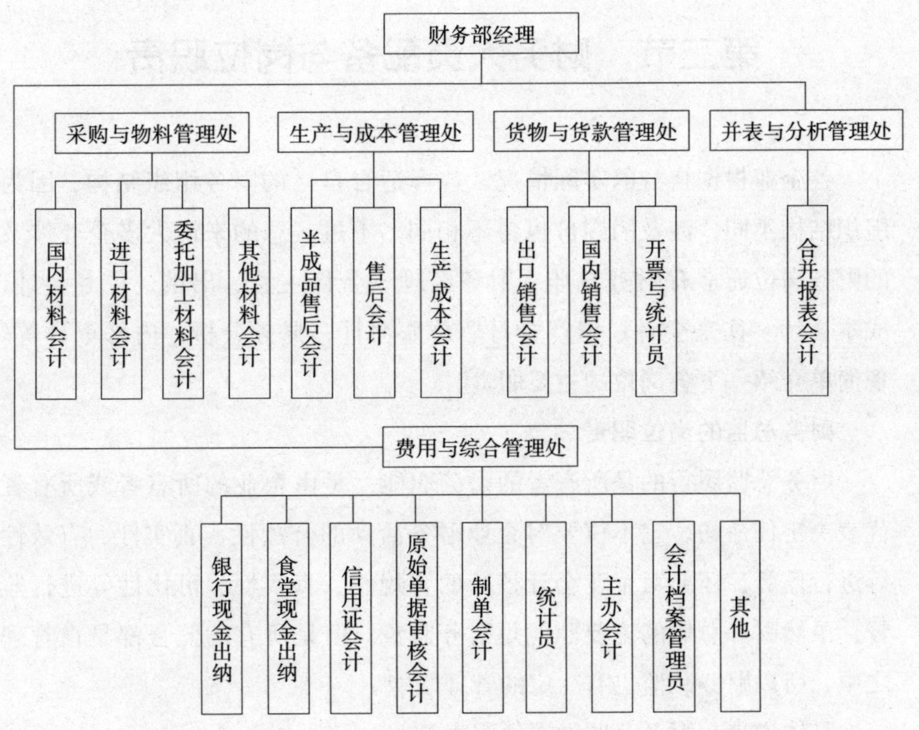

图 1－5　大型集团公司组织结构图

第二节　财务人员配备与岗位职责

各企业根据自身的实际情况，选择适合自己的财务组织结构，因为组织结构不同，涉及的岗位也各不相同。不过，总的来说大多企业涉及的财务岗位通常有财务总监、财务经理、会计主管、出纳、税务会计、成本会计、往来会计、资产会计、总账会计、财务分析、内部审计等。现简单介绍一下各岗位的主要职责。

财务总监的岗位职责

财务总监履行的是所有者的财务职能，是由企业的所有者或所有者代表决定任命的，它不仅要对企业财务活动的合法性、真实性、有效性等进行监督，还要对企业会计核算的合规性、真实性、可比性等进行监督。虽然财务总监的主要职能是财务监督，但是所有的监督都是在管理之中，所以财务总监也有一定的管理职能。

具体说来，财务总监的岗位职责是：

1. 审核会计报告

财务总监就像三军统帅，负责建立一个高效的财务部门，领导这个团队进行会计核算，并将核算结果用报告输出，让企业管理人员清楚企业现在的具体情况。当然这个具体操作不用总监亲自动手，总监直接负责签审送来的报告即可，并根据相关的法律法规对其进行监管。

2. 分析企业经济活动

对于这些专业性的报告，繁多的数据，管理者并不知晓其背后代表的含义，为了管理者能明白专业报告背后所代表的意义，财务总监利用自己的学识和经验对其进行综合分析，写出一份管理者也能明白的报告，为企业管理决策提供相关的财务信息。

3. 压缩企业成本

成本控制是企业财务管理的重点，也是财务总监工作的重点，因为成本关乎企业的利润，也决定着企业的命运。财务总监需组织财务人员对企业成本进行核算，从而控制企业成本，增加企业的盈利。

4. 进行预算管理

当企业发展到一定规模后，财务预算是必须进行的。作为企业财务管理的主要负责人，财务总监需要组织财务人员编制财务预算表，并监督各项预算的执行情况，让预算发挥出最大功效。

此外，财务总监还要负责企业各项财务制度的制定与执行；还要对企业日常的资金进行合理的调配，保证企业的健康运行；有时企业需要资金时，财务总监还要能通过资本市场、金融市场等为企业筹集资金；当然，财务总监还要参与企业的决策，为企业的未来发展方向，从财务角度提出有建设性的意见；对于企业的纳税，财务总监也要进行筹划，通过合理的方法降低企业税负。

财务经理的岗位职责

财务经理主要负责财务部门的日常管理和组织全面的核算工作。财务经理的日常工作有很多，除了负责企业财务体系的建设，还要参与企业战略目标的制定，并对企业的经济活动进行分析，编制出企业的财务计划、成本计划、利润计划，以及负责制定企业的资本投资、财务规划，企业资金安排等工作，并对过程进行有效的监督。

会计主管的岗位职责

作为企业的会计主管，其职责比一般会计人员更具总体性。一般需要负责企业经营成果的分析、评判及考核；需要复核企业其他核算岗位转来的所有凭证，发现错误及时纠正；需要负责企业日常的纳税申报相关工作；需要编制并出具财务会计报告；需要编制月度资金支出计划，收集、整理相关资金信息，编制计划执行表；此外还要进行一些管理性的工作，比如管理财务会计部的日常工作，按照审批程序报销有关费用等。

出纳的岗位职责

出纳主要负责企业的资金调配工作，并办理各项业务的收支来保障企业资金的安全。日常工作主要是办理各项银行存款的收存，现金的支取，银行付款、汇款等；对各项报销及付款单据进行审核并支付，然后登记现金、银行存款日记账；负责公司工资的发放；办理企业的银行开户及年检工作；办理贷款、外汇结算及增资扩股等资本登记工作等。

税务会计的岗位职责

税务会计主要负责公司税务、保险等涉外税费的报送与缴纳工作。日常会处理一些如发票的管理、抵扣工作；公司税金的计算、缴纳、税收返还等涉税业务的处理及会计凭证的制作等工作；公司保险的办理与缴纳等工作；抄报税工作；会计档案及报表的保管等工作。

此外，像成本会计其主要负责的就是公司成本的计算，并对公司的销售合同与产品定价进行成本与效益的分析，来支持公司相关的决策和经营管理；往来会计主要负责跟往来企业进行记账、对账与销售核算等工作，并对销售业务进行分析与监控；资产会计主要是对公司的固定资产、无形资产等资产进行核算、分析，并提出相关意见和建议；总账会计主要是负责公司业务的综合、汇总工作；财务分析人员主要是对企业各种财务进行分析，为企业的经营决策提供有建设性的意见和建议；内部审计人员主要负责企业的审计工作，并将审计意见反馈给相关部门。

各企业财务部门配备的财务人员可能只有其中的两个，有的企业可能是一人身兼数职，不过，不管是什么情况，记得不要让会计、出纳这样关键岗位由一人担任，否则就容易出现侵吞公司财产的现象。

第三节　如何建立适合企业自身发展的财务管理制度

企业经营的好坏跟科学管理有很大的关系，而适合企业自身发展的财务制度则能帮助企业完善管理上的漏洞，改善企业的管理，提高企业的效益，从而增加企业的竞争力。

经常看到一些企业在制定财务管理制度时，简直就是“拿来主义”，不管别人是什么行业，规模有多大，是什么样的企业文化，直接就将别人的财务制度拿来用。这样做是省了不少事，但是经常会出现一些制度无法落实的情况，因为这是适合别人企业的制度，有的部门，自己企业都没有，又怎么能将制度落实下去呢？所以，在制定一些制度，包括财务管理制度时，一定要根据自身的实际情况，加上现阶段的需求去制定，不能直接拿别人的，别人的制度只是一个参考。

企业在制定财务管理制度时，还要考虑所处的行业，根据行业的特性制定适合自己企业的财务管理制度。另外，在制定企业财务管理制度时，还要考虑企业所处的发展阶段，比如处于创业的初级阶段，需要的是高效，那么财务管理制度就要简明、扼要。如果这时制定的财务制度非常烦琐，虽然杜绝了一些风险，但是导致企业效率，最终阻碍了企业的快速成长。此外，企业制定的财务制度，还要符合企业文化，还要考虑大多数员工是否都能认真执行。如果一项制度最后沦为空谈，那么还有存在的必要吗？

当企业发展到一定阶段后，企业的财务管理制度必须要健全起来，否则就不能有效预防企业经营中的财务风险。那些经营中出问题的公司，大多数都跟财务管理制度不健全有关。有的是没有有效的内部监管，导致资金被挪用；有的是内部管理混乱，导致有人趁机徇私舞弊；

有的是制度得不到大家认可，根本没有人认真执行，最后给自己带来损失。

如果企业意识到这些问题，在制定财务管理制度时先认真分析企业自身的实际情况，然后再制定适合自身的财务管理制度，那么就会减少很多不必要的财务风险。

财务管理制度是财务人员工作时需要遵守的规则、方法、程序和标准，在制定时通常会涉及以下方面的内容：

一、资金管理

资金管理需要坚持的原则就是：要合理使用资金，并尽量减少占压，加速资金的周转，以提高其效益，不过要注意预防风险。

制定这一部门的制度时，通常会涉及库存现金的管理、支票的管理、日记账的管理、预付货款与定金的管理，还会涉及货款或工程款的支付问题，对外投资的审批、使用、实施等相关问题的管理，还有收、付款的一些规定等问题。

比如库存现金这一块，一般要求企业现金持有量不能超过某个限额，超过的就要及时存入银行；出纳每天都要对现金进行盘点，并做到账实相符；会计每个月还要对现金进行不定期的检查，月末还要进行盘点，并制作现金盘点表；有的企业还规定出纳去银行存取款时，要有人随行，并乘坐公司车辆或坐出租车。

二、应收款项管理

企业是否给客户这个优待，通常会对客户的资信情况进行详细的调查，只有符合相关规定才能给予这个优待，并且这个优待是有信用额度限制的，这个信用额度也是根据相关流程批准的。对于坏账损失，企业通常规定债务人在什么情况下才能确认坏账损失。

三、存货管理

对于存货的入库、出库，企业都会要求填制入库单、出库单，还要盘点存货的数量和金额，做到账实相符。对于存货的盘盈、盘亏或毁损都要有严格的规定。

四、固定资产管理

固定资产的购置、折旧、盘点、清算等相关流程都有相应的规定。

五、费用管理

这里是指各项费用的预算、开支、报销等都有严格的规定。比如，企业员工的工资、福利待遇、保险等都有明确的规定，还规定报销时什么样的发票才能报销，什么样的发票是不能报销的。费用报销时需要填写哪些单据，又要让哪些人签字，这些流程都要规定清楚。对于差旅费、业务招待费、备用金的支借等，各公司根据自己企业的实际情况都有不同的规定。

六、税务管理

每月税款的计算、申报及缴纳，企业要有明确的规定，同时企业还规定要对纳税申报表、汇算清缴审核报告等税务资料进行存档，对发票的领购、保管、开具也要有严格的规定。

这里只列出了一部分，各企业根据自身涉及的业务相应地增减一些项目，并且根据自身的需要建立适合自身发展的财务管理制度，制定时牢记所有制度都是为企业更好地发展服务的，财务制度也是如此。

第四节　财务人员的有效激励措施

有些企业管理者认为财务人员就是负责记账、做账、做报表、提供会计资料等琐碎的工作，根本没给企业带来直接的收益，所以认为没有必要对财务人员进行激励。对于持有这样观点的管理者，我建议你还是加深一下对财务人员工作的了解吧。

确实，财务人员人的工作能给企业带来的直接收益不多，虽然有时财务部门能通过理财带来一些收益，但是跟企业的主营业务相比这点收益简直不足挂齿。此外，财务人员通过对现金流的合理管理，也能给企业带来一定的效益，还有通过税收筹划也能为企业节省一些资金，但是有的管理者会说："那不是你本来的工作吗？要不我花钱请你来干什么！"

当企业业务量增加，盈利越来越多时，一些管理者马上就会想到要给业务员升职加薪，从来不会想到业务量增加，财务人员的工作量也随之增加，也要给财务人员一定的奖励。之所以会这样，主要是因为有的管理者还停留在过去对财务工作的认识上，根本不知道在现代企业管理中的财务部门的重要性。

现在的财务管理从资金角度出发，对企业的生产、投资等各个方面进行管理，涉及企业的方方面面，虽然财务没有直接创造利益，但是间接帮助企业创造了利润。比如：财务部门通过对整个生产活动的记录、核算、统计、分析，找到降低成本的办法；通过财务部门的运作，让企业投资的资金有了着落；通过对一些财务数据的分析，发现企业潜在的风险，提前进行化解；签订购销合同时，财务人员可以建议签订风险最小的一种。

这些无不说明财务人员的重要性。这么重要的部门怎能不建立必要的激励机制呢？企业只有建立有效的财务激励机制，才能调动财务人员的积极性，才能激发财务人员的工作热情，从而从财务角度出发给公司创造更多的利润。

想要建立财务人员的有效激励机制，要坚持效益原则、责权利相结合原则、公平原则和可操作性原则，只有这样，激励机制才能真正发挥作用，企业才能拥有一个高效的现代化财务部门。

这里的效益原则是指对财务人员的激励机制要符合市场经济发展的需要，通过对资金的有效整合使之发挥更大的作用。这就要求财务人员不仅具备专业的财务知识，还要具备管理能力，从而促使财务人员不断成长。责权利相结合原则，就是将责任、权力和利益结合起来考察财务人员，企业根据不同财务人员的不同岗位职责，分别考核财务人员。公平原则，就是企业的激励机制要公平公正。可操作性原则，就是跟企业的激励机制相匹配的激励手段和激励措施要切实可行。

根据以上原则，企业制定出一套行之有效的激励措施，具体的激励措施可包括以下几方面：

一、薪酬激励

大家出来工作，绝大多数人都是为了满足生活所需，薪酬激励是一个行之有效的激励体系。不过采用这种激励措施时要注意以下几点：

1. 激励要适度。激励时要跟企业盈利挂钩，采取多盈多分，少盈少分，不盈不分的原则。

2. 激励要所有差别。对于财务人员的激励，不能太笼统，不能大家都一样，要根据考核结果，贡献大的多分，贡献小的少分。

二、精神动力激励

企业在运行过程中，要有意识地引导财务人员参与企业的管理中，把他们的专业知识充分挖掘出来，为企业创造更大的价值；对于财务人员的意见和建议，企业管理者要加以鼓励，要尊重其劳动成果，即便开始财务人员的建议并没有建设性，但是财务人员的这种积极参与的精神是最重要的。

除了上面两项激励手段以外，企业还可以每隔一段时间就给员工培训和发展的机会，给他们做一些登记证书的培训，或去外地或出国培训，给他们一些升职的机会。对于一些做出突出贡献的员工，还可以给予一些荣誉奖励以资鼓励。当然，也可采取罚款、“末位淘汰”或降职等手段，惩罚一些不尽职尽责的员工。

所有对财务人员的激励，都是为了让财务人员更好地为企业服务，从而创造更多的利润。

第五节　财务人员应怎样进行绩效考核

想要建立一个高效的财务部门，绩效考核是必不可少的。财务部门跟销售部、生产部不同，很多东西都比较笼统，考核指标没法量化，这样的话应该设计什么样的考核系统呢？

因为财务部门的独特性，财务经理可参考下面的考核系统来设计自己企业的绩效考核系统：

1. 给每个岗位的财务人员分别设置绩效指标；

2. 绩效指标设置好后，财务经理应跟下属充分沟通，让他们高兴地接受自己的指标；

3. 绩效考核实施过程中，财务经理要对其进行必要的辅导，协助下属完成他们的目标，并随时进行监督，不让他们偏离目标；

4. 到绩效考核截止日期时，要对目标进行考评，考评要客观公正，并要兑现结果，这样才能起到激励的作用；

5. 最后还要对绩效考核进行总结，并根据实施过程中的问题，提出改进措施和方法，以便以后再实施。

有了考核系统后，财务经理可根据公司的经营目标来确定财务部门的绩效。公司的经营目标通常表现为企业的年度综合计划以及一系列的KPI指标，财务经理可根据这些分解出自己部门的主要任务是什么，有哪些结果是可以衡量的。最后，将部门绩效分解成个人目标，看看每个人的主要任务是什么，有哪些结果是可以衡量的。

财政部各岗位的岗位职责都有明确的规定，比如财务经理主要负责哪些工作，出纳主要负责哪些工作，税务会计主要负责哪些工作，这些都有明确的规定，所以每个人的工作、任务都很明确。财务经理可根据财务人员的岗位职责设计相应的绩效考核指标，进行考核。

以表1－1是5月份A企业总账会计李××的绩效考核表，具体如下：

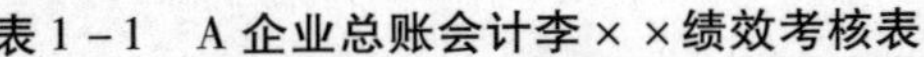

表1－1　A企业总账会计李××绩效考核表

单位名称：A企业　　　　部门：财务部

被考核人：李××		考核月份：2020年5月		考核职位：总账会计		
考核项目		序号	评分说明（每个单项满分是100分）	单项得分	权重	权重得分
业务能力	财务报表和各类统计报表编制的及时性和准确性	1	及时性：如果提交的报表和统计表延迟超过3小时，一次扣10分；如果延迟超过24小时，一次扣50分；超过48小时，该项得分为0。 准确性：如果提交的月/季度报表出现数据错误，错误1次扣20分	100	15%	15
	会计核算工作的及时性和准确性	2	1. 每出现1次应收应付款、工资、损益表、费用成本、存货等业务延误情况，扣20分； 2. 每出现一次因审核单据不准确、不及时导致的报表数据错误情况，扣20分； 3. 每月月末结账前要进行检查和对账，没有按此要求执行导致数据出错的，每发现一次扣30分	80	15%	12
	纳税申报工作的及时性和准确性	3	1. 每出现一次延误或差错情况，扣50分； 2. 因申报延误需要缴纳滞纳金的，出现一次，该项得分就为0	100	10%	10
	费用报销的真实和准确	4	1. 要按规定审核办理费用报销，每发现一笔费用报销不符合规定的，扣20分； 2. 如果有审批人需要事后补签的，要保持跟进，每遗漏一次，扣20分	80	10%	8
	网银付款业务的审核与提交复核	5	1. 当天的网银付款申请单要及时提交给财务经理复核付款，如没及时提交导致付款延迟的，每出现1次，扣20分； 2. 如果提交的网银支付申请单审批手续不全或附件不齐全的，每出现1次，扣20分； 3. 如果发现提交复核付款的网银支付金额有误，每发现1次，扣50分	60	5%	3
	发票管理	6	1. 保证发票的充足，每出现1次发票短缺的情况，扣20分； 2. 应及时完成当月进项发票的认证工作，如因未及时认证而导致企业多缴纳税款的情况，该项不得分	100	5%	5
	会计资料保管	7	如果没有按规定定期收集、整理、立卷、归档会计资料，每违反1次，扣20分	80	5%	4

考核项目		序号	评分说明（每个单项满分是100分）	单项得分	权重	权重得分
工作能力	团队合作与沟通协调	8	1. 监督出纳做现金盘点、票据盘点工作，并审核相关的备查簿、盘点表和银行余额调节表等； 2. 监督库管做好存货的盘点工作，审核相关的盘点、入库单、出库单等； 3. 与生产部协调，统计月度生产情况，核算和分摊生产成本； 4. 协助财务经理做好与税务、上级主管部门的沟通协调工作。 以上4项，每项25分，有一项没有完成，扣25分	75	20%	18.75
	执行力	9	该项得分根据考核人在“是否有效执行上级及公司领导的安排和要求”方面给出的评分得出	80	5%	4
工作态度	工作态度	10	该项得分根据考核人在“工作自觉性、积极性，对工作的投入程度和责任感”方面给出的评分得出	70	5%	3.5
	出勤情况	11	每发生一次迟到、早退的情况，扣20分；无故旷工一次扣50分，超过一天的该项不得分	100	5%	5
合计总分				925	100%	88.25

第二章　怎么编写财务报表

第一节　资产负债表的编制技巧

想要了解企业某一特定日期的资产、负债和所有者权益等情况，可以通过资产负债表来了解。资产负债表是企业经营活动的静态反应，是根据“资产 = 负债 + 所有者权益”这一会计恒等式编制的。

资产负债表是企业四大会计报表之一，非常重要，快速编制一份正确的资产负债表是对财务人员的基本要求。

资产负债表有账户式和报告式两种格式，我国企业大多使用的是账户式，具体样式如表 2－1 所示：

表 2－1　资产负债表（会计准则一般企业）

纳税人识别号：　　　　纳税人名称：　　　　会企 01 表

填报日期：　　　　单位：元（列至角分）

资　　产	行次	期末余额	年初余额	负债及所有者权益（或股东权益）	行次	期末余额	年初余额
流动资产：	1	—	—	流动负债：	28	—	—
货币资金	2			短期借款	29		
交易性金融资产	3			交易性金融负债	30		

续表

资　　产	行次	期末余额	年初余额	负债及所有者权益（或股东权益）	行次	期末余额	年初余额
应收票据	4			应付票据	31		
应收账款	5			应付账款	32		
预付款项	6			预收款项	33		
其他应收款	7			应付职工薪酬	34		
存货	8			应交税费	35		
一年内到期的非流动资产	9			其他应付款	36		
其他流动资产	10			一年内到期的非流动负债	37		
流动资产合计	11			其他流动负债	38		
				流动负债合计	39		
非流动资产：	12	——	——	非流动负债：	40		
债券投资	13			长期借款	41		
其他债权投资	14			应付债券	42	——	——
长期应收款	15			长期应付款	43		
长期股权投资	16			预计负债	44		
投资性房地产	17			递延所得税负债	45		
固定资产	18			其他非流动负债	46		
在建工程	19			非流动负债合计	47		
无形资产	20			负债合计	48		
开发支出	21			所有者权益（或股东权益）：	49		
商誉	22			实收资本（或股本）	50		
长期待摊费用	23			资本公积	51		
递延所得税资产	24			盈余公积	52	——	——
其他非流动资产	25			未分配利润	53		
非流动资产合计	26			所有者权益（或股东权益）合计	54		
资产总计	27			负债和所有者权益（或股东权益）总计	55		

从上面的资产负债表图样中可以看出左边排列的都是资产类项目，右边排列的是负债与所有者权益项目，在编制时，注意不要放错了位置。

资产负债表中的各项“年初余额”就是上年末资产负债表中的“期末余额”，比如编制2020年5月的资产负债表，那么“年初余额”就是2019年12月31日的“期末余额”。假设是2020年新成立的企业，那么2020年资产负债表中的“年初余额”就都是“0”。

资产负债表的“期末余额”填写起来比较难一些，不过，如果我们掌握一些技巧就能容易些，现总结如下：

1. 资产负债表中的有些项目就是会计科目，可以根据总账科目的余额直接填列。

比如：“短期借款”“其他应付款”“应付债券”“实收资本（或股本）”“资本公积”“盈余公积”等。

填报时需要注意，有的项目是多个总账账户余额的合计，比如“货币资金”项目就是根据“库存现金”“银行存款”“其他货币资金”3个总账科目余额的合计数填列的；此外还要注意负债类项目，比如“应交税费”等项目如果出现借方余额，记得在填列的时候前面加上“-”号。

2. 有些项目的“期末余额”是根据明细账账户的余额计算填列的。

“应付账款”项目是根据“应付账款”和“预付账款”两个账户所属明细账的期末贷方余额合计数填列。

“预收款项”项目，是根据“预收账款”和“应收账款”科目所属各明细科目的期末贷方余额合计数填列（如果“应付账款”科目所属明细账户期末出现贷方余额，那么将这余额计入“预收款项”项目）。

“未分配利润”项目，是根据“利润分配”科目中所属的“未分配利润”明细科目期末余额直接填列，如果贷方余额则以正数填列，如果是借方余额，应在数字前面加上“-”号。

3. 有些项目的“期末余额”需要将总账科目和明细账科目余额进行分析计算后，才能填列。

“长期借款”项目，就是将“长期借款”总账科目余额，减去“长期借款”科目所属的明细科目中将在资产负债表日起一年内到期且企业不能自主地将清偿义务展期的长期借款后的金额计算填列。

“长期待摊费用”项目，是将“长期待摊费用”科目的期末余额减去将于一年内（含一年）摊销的数额后的金额填列。

4. 有些项目的“期末余额”是根据其科目余额减去其备抵科目余额后的净额填列的。

“可供出售金融资产”“长期股权投资”“在建工程”等项目，就是根据有关科目的期末余额填列，减去已经计提的减值准备填列。

“无形资产”等项目，要根据相关科目的期末余额减去已经摊销、折耗的累计折旧填列，如果还计提了减值准备，那么还要减去已经计提的减值准备。

5. 有些项目的“期末余额”填列起来比较复杂，需要综合分析计算后才能填列。

“应收票据”“应收利息”“应收股利”“其他应收款”项目，就是根据相关科目的期末余额，减去“坏账准备”科目中有关坏账准备期末余额后的金额填列。

“应收账款”就是根据“应收账款”账户及“预付账款”账户还有“坏账准备”账户中的数字填列，具体计算公式如下：

“应收账款”项目 =“应收账款”科目期末借方余额 +“预收账款”科目期末借方余额 -“坏账准备”科目中有关应收账款计提的坏账准备期末贷方余额

“预付款项”项目，是根据“预付账款”和“应付账款”科目所属明细科目的期末借方余额合计数，减去“坏账准备”科目中有关预付款项计提的坏账准备期末余额后的金额填列。

“存货”项目，根据“库存商品”“原材料”“材料采购”“周转材料”“生产成本”等多个科目期末余额分析汇总后，再减去“存货跌价准备”等科目期末余额后的金额填列。

掌握了以上几点，再编制资产负债表就会轻松很多，平时多加练习，这样才能灵活应用。在熟练掌握资产负债表后，你会从中看出一些很有价值的东西。

第二节　隐藏在资产负债表背后的东西

现代企业管理中，财务报表的作用不再只是提供一些简单的财务数据，还可以通过分析挖掘出一些重要的财务信息，供管理者更好地决策，其中资产负债表的分析占有重要的地位。

资产负债表中资产排列在左边，负债和所有者权益排列在右边，因为资产 = 负债 + 所有者权益，所以资产负债表的左右两边的余额恰好是相等的。资产负债表中所有项目的排列顺序也是遵循一定规律的，其中资产是按照变现能力从强到弱的顺序排列，负债是按照债务偿还期限从短到长的顺序排列，所有者权益是按照权益资本的稳定性从高到低排列。

资产负债表反映的是企业在某一特定日期所拥有的资产、负债和所有者权益，也就是说资产负债表记录的只是企业报告日那天的财务状况，只是一瞬间的情况，不是普遍情况。有的企业为了追求报表好看会采取一些措施，比如在年末采用冲减应收账款、存货、短期负债等方式，把不良的项目进行“粉饰”，这样报表就会失真。所以，在进行财务分析时，要结合以前年度的报表及其他报表综合对比分析，这样才能挖掘出背后的信息。

把现在的资产负债表跟以前年度的资产负债表对比分析时，除了注意里面各项目绝对金额的明显变化外，还要关注各项目比重的变化，比如：流动资产中各项目比重是增加还是减少；长期资产项目占资金总额比重是增加还是减少；流动负债中各项目比重是增加还是减少，如表 2 – 2 所示。

表 2-2　A 企业从 2009 年到 2019 年资产负债表部分数据（单位：万元）

年份	2009	2010	2011	2012	2013	2014	2015	2016	2017	2018	2019
货币资金	170	200	230	378	342	523	444	627	532	870	1741
应收账款	9	9	7	16	15	19	31	19	25	21	14
存货	665	859	901	1333	2083	2552	3311	3177	3681	4674	5981
流动资产合计	954	1135	1303	2055	2826	3628	4420	4648	5470	7213	10176
非流动资产合计	47	58	73	101	136	160	372	436	643	1094	1478
固定资产净额	6	13	14	12	16	16	21	23	49	68	71
资产总计	1001	1192	1376	2156	2962	3788	4792	5084	6113	8307	11653
应付账款	111	129	163	169	297	449	640	670	914	1380	1734
短期借款	11	46	12	15	17	99	51	24	19	166	161
长期借款	164	92	175	248	210	360	367	345	338	564	960
流动负债合计	488	646	681	1297	2007	2598	3289	3457	4201	5800	8474
非流动负债合计	174	159	241	314	277	368	448	469	549	890	1313
负债合计	662	804	922	1611	2284	2967	3738	3925	4750	6690	9787
所有者权益合计	339	388	454	546	678	821	1054	1159	1363	1617	1867
负债和所有者权益总合计	1001	1192	1376	2156	2962	3788	4792	5084	6113	8307	11653
流动比率	1.95	1.76	1.91	1.58	1.41	1.40	1.34	1.34	1.30	1.24	1.20
资产负债率	0.66	0.67	0.67	0.74	0.77	0.78	0.78	0.77	0.78	0.81	0.84
产权比率	1.95	2.07	2.30	2.95	3.37	3.61	3.55	3.39	3.48	4.14	5.24

从表 2-2 中的数据可以看出，A 公司从 2009 年到 2019 年因为流动资产和非流动资产的增加，导致资产总额是不断增加的，并且每年流动资产占资产总额的 86% 到 96%，尤其是前 8 年，最低都达到 91% 以上，直到 2017 年、2018 年、2019 年这三年才降到 90% 以下。

继续分析，会发现，流动资产中存货的比重基本在 64.8% 到

75.6%，只有2019年降低到58.8%；分析货币资金对资产总额的比重与应收账款对资产总额的比重，你会发现从2013年开始呈现降低的趋势，这说明虽然A公司的资产流动性增强了，但是资产变现能力却下降了；再看A公司非流动资产情况，是逐年增加的，尤其是2018年、2019年增加得特别快，这说明A公司在扩大规模的同时也增加了基础建设的投入。

想了解A公司的财务状况如何，那么短期偿债能力是必看的。一家公司如果短期偿债能力太差，那么会因为无力偿还短期债务而被迫出售长期投资，甚至会因为资金链的断裂而破产。

怎么评价一家企业的短期偿债能力呢？可以用流动比率（流动比率=流动资产/流动负债）来判断，它反映了企业在短期内能变现为现金的流动资产偿还流动负债的能力。一般情况下，流动比率越高，企业短期偿债能力越强，但是流动比率高不一定就说明企业就有足够的现金去偿债，这个高也可能是存货积压，或应收账款过多造成的。从表2-2中的计算可以看出，A公司的这一比率呈现下降的趋势，并且存款占比一直很高，这说明A公司短期偿债能力越来越差。

想要了解一个企业的财务实力和稳定性如何，我们还要分析其长期偿债能力。长期偿债能力就是企业偿还长期债务的能力，可以从资产负债率（资产负债率=负债总额/资产总额）和产权比率（产权比率=负债总额/所有者权益总额）来判断。

资产负债率反映的是企业资产总额中债权人资金所占的比重，以及企业资产总额对债权人权益所能提供的保障程度。一般情况下，资产负债率越小说明企业长期偿债能力越强，资产负债率越大说明企业长期偿债能力越差。但不是说越低越好，资产负债率低说明企业融资和投资能力差，不利于企业的发展，各企业应该根据所处行业的特点保持在一个合理的范围内。

从表2-2的计算中可以看出，从2009年到2019年A企业的资产负债率逐年升高，这说明该企业长期偿债能力在逐年减弱，债务压力越来越大，企业风险越来越高。

产权比率反映了企业自有资金偿还全部债务的能力，比率越低说明该企业长期偿债能力越强，那么债权人的权益越有保障。表 2－2 中 A 企业的这个产权比率是越来越高，从 2009 年的 1.95 增加到 2019 年的 5.24，这也说明 A 企业长期偿债能力越来越差。

通过上面的一些分析，财务人员可以建议 A 企业应该加速存货和应收账款的周转，这样在扩大规模的同时也能保证资金的流转，保证有足够的资金能偿还债务。

第三节　利润表的编制技巧

考察一家企业的经营状况，利润表是非看不可的，因为利润表是反映一家企业在一定会计期间（一个月、一个季度或一个年度）经营成果的财务报表。通过这张报表能清楚该企业是否盈利，盈利或亏损多少，所以利润表也叫损益表，这里“损”就是亏损，“益”就是利润。

其实利润表的编制很简单，主要依据的公式是：收入－费用＝利润。这里的收入是指那些能增加利润的项目，比如营业收入、营业外收入、投资收益等；费用是指那些减少利润的项目，比如营业成本、营业外支出、税金及附加、销售费用、管理费用、财务费用等。

编制利润表涉及的计算公式主要有：

营业利润＝营业收入－营业成本－税金及附加－销售费用－管理费用－财务费用＋其他收益±投资收益±资产减值损失±信用减值损失±公允价值变动损益±资产处置收益

利润总额＝营业利润＋营业外收入－营业外支出

净利润＝利润总额－所得税费用

根据以上公式，将一定时期的各种收入和费用计算出来，就能轻松编制出一张利润表。国际上常用的编制利润表的格式有一步式和分步式。

一步式利润表就是将该企业在一定期限内的所有收入和费用统统汇总，然后用总收入减去总费用就能得出总利润。这种利润表简明扼要，让人清晰明了，但是因为没有区分各种收入和费用，所以不能直接反映不同企业之间或同一企业不同时期相应项目的对比。

分步式利润表是对不同收入和费用项目进行归类，列出一些中间性的利润指标，分步计算出本期净利的过程。这种利润表有助于不同企业之间或同一企业不同时期进行对比，具体步骤如下：

第一步：计算营业收入和营业成本

营业收入 = 主营业务收入 + 其他业务收入

营业成本 = 主营业务成本 + 其他业务成本

第二步：计算营业利润

营业利润 = 营业收入 − 营业成本 − 税金及附加 − 销售费用 − 管理费用 − 财务费用 + 其他收益 ± 投资收益 ± 资产减值损失 ± 信用减值损失 ± 公允价值变动损益 ± 资产处置收益

第三步：计算利润总额

利润总额 = 营业利润 + 营业外收入 − 营业外支出

第四步：计算净利润

净利润 = 利润总额 − 所得税费用

利润表中“本月数”一栏中各项目反映的是该企业本月的实际发生额，这个数据是通过损益类账户本月实际发生额计算分析填报的，“本年累计数”一栏中各项目反映的是该企业从年初开始到本月止的累计实际发生额，编制的时候可以用上个月利润表中的“本年累计数”，加上本月利润表中的“本月数”计算得出，将二者之和填入相应的项目中即可。

比如A企业2020年1月和2月各损益类账户发生额如表2－3所示：

表2－3　A企业2020年1月和2月各损益类账户发生额

账户名称	借或贷	1月发生额	2月发生额
主营业务收入	贷	500 000	400 000
主营业务成本	借	300 000	250 000
税金及附加	借	6000	5000
其他业务收入	贷	10 000	50 000
其他业务成本	借	5000	20 000
销售费用	借	30 000	25 000
管理费用	借	50 000	40 000
财务费用	借	3000	2500
投资收益	贷	10 000	10 000
营业外收入	贷	15 000	10 000
营业外支出	借	10 000	20 000
所得税费用	借	32 750	26 875

A企业2020年1月及2月的利润表则分别如表2－4、表2－5所示（本例所得税按利润总额的25%计算，公司的具体所得税要根据国家的相关规定来计算）：

表 2－4　A 企业 2020 年 1 月的利润表

编制单位：A 企业　　　　2020 年 1 月　　　　单位：元

项　　目	行次	本月数	本年累计数
一、营业收入	1	510 000	510 000
减：营业成本	4	305 000	305 000
税金及附加	5	6000	6000
销售费用	10	30 000	30 000
管理费用	11	50 000	50 000
财务费用	14	3000	3000
资产减值损失	15	0	0
加：公允值变动收益	16	0	0
投资收益（损失以“－”填列）	18	10 000	10 000
二、营业利润	22	126 000	126 000
加：营业外收入	22	15 000	15 000
减：营业外支出	25	10 000	10 000
三、利润总额（亏损总额以“－”号填列）	27	131 000	131 000
减：所得税	28	32 750	32 750
四、净利润（净亏损以“－”号填列）	30	98 250	98 250

表 2－5　A 企业 2020 年 2 月的利润表

编制单位：A 企业　　　　2020 年 2 月　　　　单位：元

项　　目	行次	本月数	本年累计数
一、营业收入	1	450 000	960 000
减：营业成本	4	270 000	575 000
税金及附加	5	5000	11 000
销售费用	10	25 000	55 000
管理费用	11	40 000	90 000

续表

项　　目	行次	本月数	本年累计数
财务费用	14	2500	5500
资产减值损失	15	0	0
加：公允值变动收益	16	0	0
投资收益（损失以“－”填列）	18	10 000	20 000
二、营业利润	22	117 500	243 500
加：营业外收入	22	10 000	25 000
减：营业外支出	25	20 000	30 000
三、利润总额（亏损总额以“－”号填列）	27	107 500	238 500
减：所得税	28	26 875	59 625
四、净利润（净亏损以“－”号填列）	30	80 625	178 875

第四节　从利润表中能看出什么

我们通过利润表不仅能知道该企业过去一段时间的盈利情况，还能对该企业未来的盈利情况做出判断。

通过利润表我们知道企业的利润主要来自经营利润、投资收益和营业外收入，其中经营利润是企业核心利润的来源，只有这部分的利润稳定且高，才能保证该企业的持续发展。像投资收益和营业外收入大多是不稳定、不可持续的。

大多数企业都是通过销售商品或提供服务获得收入，减去成本费用后就变成了企业的利润，所以判断一家企业的盈利能力，我们主要看两部分：

1. 该企业主营产品或服务好不好，好的话，主营业务收入肯定高；

2. 该企业的净利润怎么样，净利润高的话，说明该企业的产品或服务利润空间大，并且管理合理，有市场优势。

看利润表时不能只看“营业收入”，还要看看这个收入中“主营业务收入”占多少，这个收入才是公司的核心收入。该企业的产品或服务怎么样，通过利润表中的“主营业务收入”就能看出。跟同行相比，如果该企业的主营业务收入不低，并且跟过去相比该企业的收入还在不断增长，那么说明该企业的产品或服务不错。如果该企业的主营业务成本还较低，也就是该企业的毛利润较高，那么该企业的初始盈利能力较好。

毛利润＝主营业务收入－主营业务成本

毛利率＝（主营业务收入－主营业务成本）/主营业务收入×100%

分析一家企业的好坏，可以将该企业的毛利率跟同行业的毛利率对比，通过毛利率就能看出该企业在其行业中处于什么位置，这种分析方法对产品类型的企业尤其适用。如果这家企业的毛利率高于同行，说明该企业的产品具有绝对的优势，也说明未来该企业有机会获得更高的利润。

一家好的企业通常具备长期且稳定的、较高的毛利率。毛利率高，说明在同样的销售收入下该企业赚的钱会更多，当市场不好时，高毛利率的企业即使降价促销也有利润可赚。当然较高的毛利率是跟同行业相比较而言的，因为不同行业的毛利率是不同的，像白酒行业的毛利率高达60%以上，而钢铁行业的毛利率大概只有13%。

企业财务人员可以分析自己企业的毛利率跟同行业相比处于什么水平，如果自己企业的毛利率比较低或者远低于行业的平均水平，应该找到毛利率低的原因，通过增加收入和降低成本来提升企业的毛利率。

通常情况下，一家企业的生产技术和模式已经固定，那么毛利率也是相对稳定的。如果这家企业生产技术上既没有重大提升或突破性的改进，毛利率却取得很大的提升，甚至超过同一行业的平均毛利率，这个利润表数据的真实性有待考证。

衡量一家企业的最终盈利能力，除了毛利率外，还要看利润表中的三大费用：管理费用、销售费用、财务费用。如果一家企业收入很多，但是支出也多，最后净利润还是不多，所以衡量一家企业盈利能力的指标主要是看最后剩下的净利润。分析时通常用到的公式主要有以下几个：

销售费用率＝销售费用/主营业务收入×100%

管理费用率＝管理费用/主营业务收入×100%

财务费用率＝财务费用/主营业务收入×100%

成本费用率＝成本费用总额/营业收入×100%（这里成本费用包括营业成本和期间费用以及税金及附加）

成本费用利用率＝利润总额/成本费用总额×100%

销售利润率＝利润总额/营业收入×100%

净利润率＝净利润/营业收入×100%

利润表中最后一行的“净利润”数值越大，说明这家企业赚钱能力越强。如果一家企业的“净利润”长期处于亏损状态，说明该企业的赚钱效应差，那么该企业资产的流动性应该不会太高，长此以往可能会陷入资不抵债的困境。如果这时相关人员不能解决企业的这个问题，那么该企业将很难维系。

通常情况下，优秀企业的销售费用和管理费用占毛利润的比例不高，略低于同行占比，并且利润表中的销售费用、管理费用、财务费用，通常也是固定的。如果该企业没有扩充，通常情况变化不大，并且销售费用通常跟销售收入有着某种比例的对应关系，一般销售收入越大，销售费用也就越多。如果一家企业的销售收入很多，但是销售费用却很低，那么这个数据也是有待考证的。财务人员可以拿该企业跟同行相比，跟该企业的过去相比，从中可能找出一些问题。

比如有两家企业（是同一行业的），今年的净利润都是1000万元，不过A企业净利润的900万元来自主营业务利润，只有100万元来自营业外收入。B企业净利润有400万元来自主营业务利润，剩下的600万元来自于营业外收入。

虽然这两家企业的净利润一样，但是相对来说，A企业未来的发展会更好，因为A企业大部分的利润来自可持续性发展的主营业务收入，而B企业利润中的一大半来自不可持续发展的营业外收入，这就存在很大的风险。

通过对利润表的分析，我们可以找到企业利润的来源，分析出企业盈利能力的大小，以及该企业的优势到底在哪里，是技术优势，还是管理优势，或者渠道优势等。再结合其他报表，就能对企业的未来有一个大概的判断。

第五节 现金流量表的基本结构

现金流量表反映的是企业在一固定期间（通常是每月或每季）内，现金和现金等价物增减变动的报表，所以想要了解企业在一定时期内的现金流入流出情况，通过现金流量表就可以了解。

所谓现金流就等于现金流入减去现金流出，如果一家企业的现金流是正的，说明有现金流入该企业，如果企业的现金流是负的，说明现金正从该企业流出。通过对企业的现金流进行分析，我们可以了解该企业支付、偿还债务的能力，从而对企业今后的经营、投资、筹资等活动进行筹划，所以作为一个合格的财务人员，必须要会编制现金流量表。

编制现金流量表可以使用多重编制方法，不过工作中通常会采用工作底稿法和T型账户法来编制。

工作底稿法就是通过对企业经营中涉及的各个项目进行深入的分析，编制出调整分录，并结合资产负债表及利润表，从而编制出现金流量表；T型账户法，就是在利润表和资产负债表的数据基础上，通过T型账户，对每一个项目进行分析，然后编制出调整分录，从而编制出现金流量表。现金流量表的样式如表2－6：

表2－6　现金流量表（会企03表）

编制单位：　　　　　　　　年度　　　　　　　　　　　　　单位：元

项　目	行次	金额
一、经营活动产生的现金流量		
销售商品、提供劳务收到的现金	1	
收到的税费返还	3	
收到的其他与经营活动有关的现金	8	
现金流入小计	9	
购买商品、接受劳务支付的现金	10	
支付给职工以及为职工支付的现金	12	
支付的各项税费	13	
支付的其他与经营活动有关的现金	18	
现金流出小计	20	
经营活动产生的现金流量净额	21	
二、投资活动产生的现金流量		
收回投资所收到的现金	22	
取得投资收益所收到的现金	23	
处置固定资产、无形资产和其他长期资产所收回的现金净额	25	
收到的其他与投资活动有关的现金	28	
现金流入小计	29	

续表

项　　目	行次	金额
购建固定资产、无形资产和其他长期资产所支付的现金	30	
投资所支付的现金	31	
支付的其他与投资活动有关的现金	35	
现金流出小计	36	
投资活动产生的现金流量净额	37	
三、筹资活动产生的现金流量		
吸收投资所收到的现金	38	
借款所收到的现金	40	
收到的其他与筹资活动有关的现金	43	
现金流入小计	44	
偿还债务所支付的现金	45	
分配股利、利润或偿付利息所支付的现金	46	
支付的其他与筹资活动有关的现金	52	
现金流出小计	53	
筹资活动产生的现金流量净额	54	
四、汇率变动对现金的影响	55	
五、现金及现金等价物净增加额	56	
补充资料		
1．将净利润调节为经营活动现金流量		
净利润	57	
加：计提的资产减值准备	58	
固定资产折旧	59	
无形资产摊销	60	
长期待摊费用摊销	61	

续表

项　　目	行次	金额
待摊费用减少（减：增加）	64	
预提费用增加（减：减少）	65	
处置固定资产、无形资产和其他长期资产的损失（减：收益）	66	
固定资产报废损失	67	
财务费用	68	
投资损失（减：收益）	69	
递延税款贷项（减：借项）	70	
存货的减少（减：增加）	71	
经营性应收项目的减少（减：增加）	72	
经营性应付项目的增加（减：减少）	73	
其他	74	
经营活动产生的现金流量净额	75	
2．不涉及现金收支的投资和筹资活动		
债务转为资本	76	
一年内到期的可转换公司债券	77	
融资租入固定资产	78	
3．现金及现金等价物净增加情况		
现金的期末余额	79	
减：现金的期初余额	80	
加：现金等价物的期末余额	81	
减：现金等价物的期初余额	82	
现金及现金等价物净增加额	83	

从表2－6可以看出现金流量表主要填写的是主表的经营活动中产生的现金流量、投资活动中产生的现金流量、筹资活动中产生的现金流量，以及附表的补充材料。

填写主表时通常采取直接法，就是根据现金收入和支出的来源直接填写。采用这种编写方法有利于全面了解企业的经营活动，从而预测企业未来的发展趋势，能更好地安排企业的资金。

附表通常采用间接法编写。采用这种编写方法，能将净利润与经营活动产生的现金流量区分开来，找到二者差异的原因，从而知道企业净利润的质量如何。

经营活动中的现金流量净额就是经营活动中的现金流入量减去现金流出量，同样投资、筹资活动中的现金流量净额也是各自活动中的现金流入量减去现金流出量。

知道了这些后，再去分析经营、投资、筹资活动中每一项业务涉及的现金流入、流出量，就能得出每一项业务现金流入、流出的具体数额，将其填入现金流量表中的正确位置，就能正确编制出一份现金流量表了，如图2－1所示。

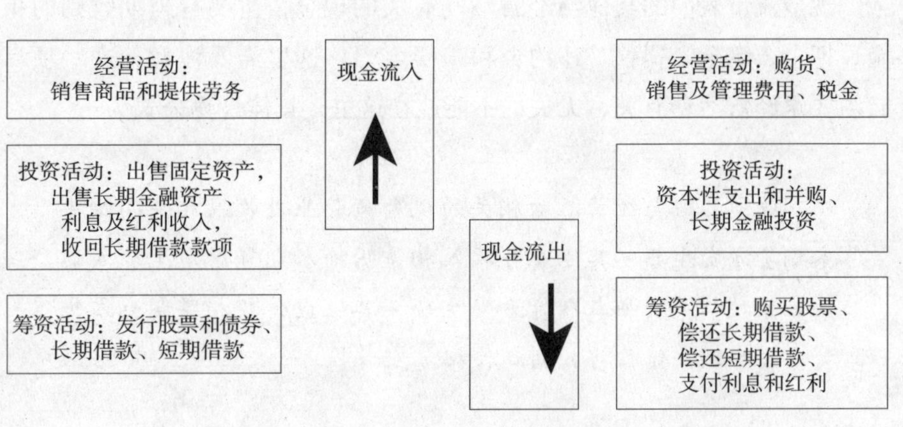

图2－1　经营、投资、筹资活动中的现金流入及现金流出

比如现金流量表中的第 1 行中的销售商品、提供劳务收到的现金，除了包括销售收入，还包括收取的增值税销项，具体计算公式如下：

销售商品、提供劳务收到的现金 = 主营业务收入 + 本期销项税金 + 其他业务收入（不含租金）+ 应收账款余额（期初余额 − 期末余额）+ 应收票据（期初余额 − 期末余额）+ 预收账款（期末余额 − 期初余额）+ 本期收回前期核销坏账 − 当期计提的坏账准备 − 本期核销坏账 − 现金折扣 − 票据贴现利息支出 − 视同销售的销项税 − 以物抵债的减少 + 收到的补价

现金流量表中的第 2 行，收到的税费返还包括各种税费，具体计算公式为：

收到的税费返 = 返还的（增值税 + 消费税 + 营业税 + 关税 + 所得税 + 教育费附加等）

现金流量表中的其他与经营活动有关的现金，主要有当期收到的租金、押金、定金、罚款、违约金和赔偿金等。这里需要注意，这些项目必须要跟经营活动有关，无关的不能放在这里，具体计算公式为：

收到其他与经营活动相关的现金 = 营业外收入相关明细中本期贷方发生额 + 其他业务收入相关明细本期贷方发生额 + 其他应收款相关明细本期贷方发生额 + 其他应付款相关明细本期贷方发生额 + 银行存款利息收入

这样经营活动中的现金流入就编写完成，剩下的各栏目的填写方法也是如此，按照这样的方法就能将现金流量表的主表编写完毕，剩下的附表就是需要调整的项目，主要包括：实际没有支付的费用、实际没有

收到的现金收益、不属于经营活动的损益以及经营性应收应付项目的增减变动。根据现金流量表中的每一个项目顺序填写即可，这样一张完整的现金流量表就编写完成了。

第六节　如何编制所有者权益变动表

想要全面了解一家企业一段时间内所有者权益增减变动的情况，可以看该企业的所有者权益变动表。通过该表不但可以看到该企业所有者权益总量的增减变动，还能了解详细的变动信息，尤其是所有者权益的利得和损失。

通过所有者权益变动表，可以明白企业的盈利能力，以及抵御风险的能力。企业想要运作下去，必须要有一定的资本，如果都是负债，则无法自己掌控和做主，所以企业要拥有自己的主权资本，也就是所有者权益，只有这样才能维护自身的利益，不受外界的干扰。从这一点可以看出所有者权益所占的比例越大，说明企业能承受的风险也越大，所以通常用所有者权益去衡量一家企业的经济实力。

所有者权益的增减变动主要跟企业利润的多少有关，所以我们可以从所有者权益变动表中，间接分析出企业的盈利能力；所有者权益变动表全面记录了影响所有者权益变动的各个因素，通过这个表可以分析出所有者权益变动的原因，从而指导企业今后的发展方向；此外，投资者通过所有者权益变动表还能了解企业的分配制度以及现金支付能力，从而做出正确的投资决策。所有者权益变动表的样式如表 2－7 所示：

表 2-7　所有者权益变动表（会企 04 表）

编制单位：　　　　　　　　　　　年度　　　　　　　　　　　　　　　　单位：元

项目	本年金额										上年金额									
	实收资本（或股本）	其他权益工具			资本公积	减：库存股	其他综合收益	专项储备	盈余公积	未分配利润	所有者权益合计	实收资本（或股本）	其他权益工具			资本公积	减：库存股	其他综合收益	专项储备	盈余公积
		优先股	永续债	其他									优先股	永续债	其他					
一、上年年末余额																				
加：会计政策变更																				
前期差错更正																				
其他																				
二、本年年初余额																				
三、本年增减变动金额（减少以“-”号填列）																				
（一）综合收益总额																				
（二）所有者投入和减少资本																				
1. 所有者投入的普通股																				
2. 其他权益工具持有者投入资本																				
3. 股份支付计入所有者权益的金额																				
4. 其他																				
（三）利润分配																				
1. 提取盈余公积																				

续表

项目	本年金额										上年金额									
	实收资本（或股本）	其他权益工具			资本公积	减：库存股	其他综合收益	专项储备	盈余公积	未分配利润	所有者权益合计	实收资本（或股本）	其他权益工具			资本公积	减：库存股	其他综合收益	专项储备	盈余公积	未分配利润	所有者权益合计
		优先股	永续债	其他									优先股	永续债	其他							
2. 对所有者（或股东）的分配																						
3. 其他																						
（四）所有者权益内部结转																						
1. 资本公积转增资本																						
2. 盈余公积转增资本																						
3. 盈余公积弥补亏损																						
4. 设定收益计划变动额结转留存收益																						
5. 其他综合收益结转留存收益																						
6. 其他																						
四、本年年末余额																						

所有者权益变动表中的项目是所有者权益类的各个账户，如“实收资本”（股本）、“资本公积”“盈余公积”“库存股”“利润分配”“未分配利润”，主要就是对这些明细账户的本年年初余额、借方发生额、贷方发生额、年末余额进行分析后填列，数额增加就用“＋”号表示，数额

减少就用“-”号表示。

所有者权益变动表中的“上年金额”，要根据企业上年度所有者权益变动表中的“本年金额”数字填列，如果上年度所有者权益变动表中有的项目名称和内容跟本年度的有所不同，那么要以本年度为准进行调整。

变动表中“本年金额”中各项数字应该根据相关科目的发生额填写。比如“实收资本”（股本）对应的“上年年末余额”，就应该根据上年资产负债表中的“实收资本”（股本）、“其他权益工具”“资本公积”“其他综合收益”“盈余公积”“未分配利润”等项目的年末余额填列。

“本年金额”中的“会计政策变更”和“前期差错更正”项目，则是对“盈余公积”“利润分配”“以前年度损益调整”等科目的发生额进行分析后填列的，并且还要结合“上年年末余额”才能得出“本年年初金额”项目。

所有者权益变动表其他各项“本年金额”的数据，都需要经过分析后才能填列，分析时，要注意不要漏掉一些相关科目。

第七节　财务报表附注有哪些内容

为了让财务报表使用者能更清楚地了解财务报表的基本内容，财务人员对资产负债表、利润表、现金流量表和所有者权益变动表的一些内容和项目又做了一些说明和解释，这就是财务报表附注。

企业财务报表附注是对财务报表的一个补充，主要包括以下内容：

一、公司基本情况

这里需要介绍企业的注册地、注册资本、法定代表人、经营办公地址、组织形式、所处行业、经营范围、所提供的主要产品或服务、母公司以及集团最终母公司的名称等。

二、财务报表的编制基础

通常会写："本公司以持续经营为基础，根据实际发生的交易和事项，按照财政部颁布的《企业会计准则——基本准则》和其后颁布的会计准则解释以及其他相关规定进行确认和计量，在此基础上编制财务报表。"

如果其他财务报表中的数据是以一些特别的政策为根据的，应在这里标示出来。

三、遵循企业会计准则的声明

通常会这样写："本公司×年度所编制的财务报表符合企业会计准则的要求，真实、完整地反映了公司×年12月31日的财务状况、经营成果、所有者（股东）权益变动和现金流量等有关信息。无虚假记载、误导性陈述、重大遗漏，特此声明。"

四、重要会计政策和会计估计

注意这里披露是重要的会计政策和会计估计，不重要的不用披露，主要包括：会计制度、会计年度、记账基础和计价原则、记账本位币和外币换算、现金等价物的确定标准、坏账核算方法、存货核算方法、长期股权投资、固定资产核算方法、在建工程核算方法、收入确认原则、企业所得税的会计处理方法等。企业应根据自身实际处理情况进行说明。

五、主要税（费）项

主要包括企业所得税、增值税、个人所得税、城市维护建设税、教育费附加、房产税、土地增值税等。

六、重要会计政策和会计估计变更以及重大会计差错更正的说明

如果有涉及，在这里进行说明，如果没有涉及，直接写"无"即可。

七、财务报表重要项目说明

这里包括货币资金、应收票据、应收账款、其他应收款、预付账款、存货、其他流动资产、长期股权投资、固定资产、在建工程、无形资产、长期待摊费用、递延所得税资产、短期借款、应付票据等。

比如应收票据的注释是这样的形式（见表2－8）：

表2－8　应收票据

序号	项目	年初数	本期增加	本期减少	年末数
1					
2					
合计					

主要票据情况（见表2－9）：

表2－9　主要票据情况

序号	票据种类	承兑人	票面金额	到期日
1				
2				
合计				

八、其他需要说明的重要事项

包括一些或有事项、承诺事项、资产负债表日后事项、关联方关系及其交易、其他重要事项等。

第三章　怎样做好企业的财务预算

第一节　企业为什么要做财务预算

财务预算是全面预算体系中的最后一环，也是现代企业管理中重要的一部分，它起源于20世纪美国的通用电气、杜邦公司，后来被各大公司所使用。刚开始的财务预算只起到计划、协调的作用，但是经过一百多年的发展，现代的财务预算兼具了控制、激励、评价等多种功能，成为企业内部管理控制的一种主要方法。

财务预算就是企业对未来一段时间的经营活动做出预测，并编制出货币性的各种财务预算报告，这些预算报告主要反映了企业在今后一段时间内现金收支、经营成果和财务状况的具体情况。财务预算主要包括：现金预算、预计利润表、预计资产负债表和预计现金流量表。

现金预算也叫现金收支预算，主要反映的是企业在预算期内全部现金的流入、流出情况，并据此预算出现金收支所产生的结果。现金预算是在生产经营预算、成本预算和费用预算的基础上编制出来的，是财务预算的重中之重，主要包括现金收入、现金流出、现金余缺和资金的筹集与使用。

预计利润表反映的是企业在预算期内的经营成果，也就是销售收入、成本和利润等具体情况，它是在销售预算、各项成本费用预算、资本支持预算等的基础上编制的。

预计资金负债表反映的是企业在预算期结束时企业财务状况的预算，包括资金来源和资金占用以及它们各自的构成情况，它是在报告期的资产负债表的基础上，结合企业各种业务预算、资本预算和现金预算编制的。

预计现金流量表主要是从现金流入、流出来反映企业经营活动、投资活动和筹资活动所产生的现金流量的预算。

现在各企业之所以编制财务预算，是因为财务预算具有以下作用：

1. 财务预算可以对企业的经济活动加以引导和控制，使之实现预期目标。

每一年企业都会制定相应的目标，但是能否实现是一个未知数。为了将这个未知变成肯定，企业可以根据以往翔实的数据，结合自身的实际情况及外部环境，做出合理的财务预算，并根据这个财务预算对经营活动加以引导和控制。实际经营中及时将实际数据跟预算进行对比，发现问题及时调整偏差，最后帮助企业实现预期的目标。

2. 财务预算可以让全体员工更积极地工作。

因为财务预算需要企业内部各部门都参与进来，里面的每一个指标都会具体量化到每一个部门，部门又会量化到每一个岗位，这样人人都参与企业目标的制定，人人都有了详细的奋斗目标，这样工作起来会更加积极主动。

此外，企业通过财务预算对未来有一个比较明确的认识，能降低经营活动的盲目性，让企业财务活动能有条不紊地进行。

第二节　财务预算的编制方法与程序

每年年末，都是财务人员最繁忙的时候，除了日常的工作，还要出很多报表，还要编制财务预算。财务报表，因为跟过去一年的经营业务有关，涉及的数据都已经发生了，直接整理就好。但是财务预算是对还没有发生的事情进行预算，这要怎么做呢？不要担心，财务预算的编制方法有多种，主要分三类：

1. 根据业务量基础的数量特征不同，可分为固定预算方法和弹性预算方法，如表3－1所示。

表3－1　固定预算方法和弹性预算方法

项目	固定预算方法	弹性预算方法
定义	根据预算内正常的、可实现的某一业务量水平作为唯一基础来编制预算的一种方法	在按照成本（费用）习性分类的基础上，根据量、本、利之间的依存关系编制的预算
优缺点	简单易行，工作量小，但过于呆板并且可比性差	预算范围宽，可比性强，但编制工作量大，并且技术要求高
适用范围	一般适用于固定费用或者数额比较稳定的预算项目	一般适用于与预算执行单位业务量有关的成本（费用）、利润等预算项目
注意事项	注意预算项目固定业务量的可靠性，如果不可靠，那么编制的预算就跟实际结果有很大的偏差	1. 变动项目和固定项目划分的合理性； 2. 弹性范围的合理性和业务量可能值的可靠性

2. 根据出发点的特征不同，可分为增量预算方法和零基预算方法，如表3－2所示。

表3－2　增量预算方法和零基预算方法

项目	增量预算方法	零基预算方法
定义	以上期成本费用的实际数为基础，结合预算期内业务量水平及有关降低成本的措施，通过调整有关费用项目编制预算的方法	不考虑以往会计期间所发生的费用项目和费用数额，一切以零为基点，对预算期内各项支出的必要性、合理性或者各项收入的可行性以及预算数额的大小，逐项审议决策，在综合平衡的基础上编制费用预算的方法
优缺点	编制比较简单，但会导致无效费用开支项目无法得到有效控制	因为不受费用项目的限制，没有现行预算的束缚，所以可以调动各方面降低费用的积极性，从而真正发挥每项费用的效果

续表

项目	增量预算方法	零基预算方法
适用范围	适用于预算期内变动幅度较小的原有预算项目的预算，不适合新增预算项目或预算期内变动幅度较大的原有项目的预算	适用于产出较难辨认的服务性部门费用的预算
注意事项	使用该法时要准确判断能使用该预算方法的项目，注意增减调整的幅度要合理	使用该法时要注意信息来源要可靠，要制定合理的消耗定额

3. 根据预算期的时间特征不同，可分为定期预算方法和滚动预算方法，如表3－3所示。

表3－3　定期预算方法和滚动预算方法

项目	定期预算方法	滚动预算方法
定义	以不变的会计期间作为预算期的一种编制方法	将预算期与会计年度分开，随着时间的推移和市场条件的变化，而自行延伸并逐步向后滚动，将预算期始终保持在一个固定的长度范围内
优缺点	因为预算期和会计期相对应，所以方便将二者的数据进行分析对比，有利于对预算执行结果进行分析和评价，不过这种方法缺乏长远打算，从而导致短期行为	能保证企业经营管理工作稳定而有序进行，方便管理人员根据预算执行的情况加以调整，但会增加预算管理的工作量，并且对预算管理的技术水平和信息化程度要求较高，适应性也较差
适用范围	理论上所有企业都适用，但是因为本身存在的缺点，对管理及预算管理要求较高，所以大多企业采取滚用预算	一般适用于季度预算的编制，也适用于预算管理技术水平较高、信息化程度也较高的大型企业
注意事项	要提高预算编制的质量，并且还要注意年度预算之间资源的连续性	要有一支训练有素的预算管理队伍，还要有按月考评的管理办法

知道了财务预算的编制方法，就可以试着编制财务预算了，不过在编制之前还要了解企业编制财务预算的程序。通常企业是按照“上下结合、分级编制、逐渐汇总”的程序来编制财务预算，具体如下：

1. 下达目标

每年年末，企业管理层根据企业的发展战略和初步预测，在决策的基础上，拟定下一年度企业财务预算目标，包括销售目标、成本费用目标、利润目标和现金流量目标等，并确定预算编制的政策由预算管理层下发到企业各有关部门。

2. 编制上报

各部门根据预算管理层下发的财务预算目标和政策，在全面分析以往年度各项财务收支的基础上，结合自身的实际情况，编制出详细的部门财务预算草案，在规定的时间前上报到企业财务部。

3. 审查平衡

企业财务部对上报来的各部门财务预算草案进行审查、汇总、平衡，在对发现的问题进行充分沟通的基础上，给出初步调整方案并反馈给各部门进行调整。

4. 审议批准

各部门将调整好的草案再上报到企业财务部，企业财务部根据这些草案编制出企业财务预算方案，并报送到预算管理阶层讨论。对于那些不符合企业发展战略或财务预算目标的事项，预算管理层会发回原部门再调整，然后再讨论，最后正式编制出企业年度财务预算草案并上报董事会或总经理审议批准。

5. 下达任务

企业年度预算草案被董事会或总经办批准后，企业预算管理层将其分解成一系列的指标体系，并在每年的 1 月份正式下达到各部门，各部门认真落实下去。

第三节　财务预算编制

在编制财务预算前，企业的管理层会召集各部门的负责人商讨下一年度的销售指标，确定销售目标后，与其相配套的生产、采购、销售和管理费用等的预算（具体编制方法如表3－4所示）也就出来了，根据这些又可以编制直接材料、直接人工和制造费用的预算，这样生产预算也编制完成，于是经营预算、资本预算也就完成了。等经营预算和资本预算编制完成后，就可以在此基础上编制财务预算了。

表3－4　业务预算编制表

业务预算名称	编制依据或说明	主要计算公式
销售预算	在销售预测的基础上，根据企业年度目标利润编制预计销售量和销售价格等参数	某预算期经营现金收入＝该期现销含税收入＋该期回收以前期间的应收账款
生产预算	根据预计的销售量及预计期初存货和期末存货等因素按品种分别编制	某一产品预计生产量＝预计销售量＋预计期末存货量－预计期初存货量
直接材料预算	以生产预算、材料消耗定额和预计材料采购单价等信息为基础，在考虑期初、期末材料存货后编制	某预算期采购现金支出＝该期现购材料现金支出＋该期支付以前期的应付账款
直接人工预算	根据标准工资率、标准单位直接工人工时、其他直接费用来编制	预计某期直接人工成本现金支出＝该期预计直接工资总额＋该期预计的福利费现金支出
制造费用预算	在变动成本法下，变动性制造费根据单位产品预定分配率和预计的生产量进行预计；固定性制造费用在上年的基础上根据预计变动加以适当修正进行预计	变动性制造费用预算分配率＝变动性制造费用预算总额/相关分配标准预算总数 某期预计制造费用现金支出＝该期预计变动性制造费用现金支出＋该期预计固定性制造费用现金支出
产品成本预算	以生产预算、直接材料预算、直接人工预算和制造费用预算为基础进行编制	该预算涉及单位产品成本、生产成本和销货成本
销售费用预算	变动性销售费用反映了各项目的单位产品费用分配额，固定性销售费用按项目反映全年预计水平	本期预计的销售费用现金支出＝该期预计变动性销售费用现金支出＋该期预计固定性销售费用现金支出
管理费用预算	可按项目反映全年预计水平；也可将管理费用划分为变动性和固定性两部分	某期预计管理费用现金支出＝（该年度预计管理费用－预计年折旧费－预计年摊销费）/一年的期数

除了表 3－4 中的业务预算外还有专门决策预算，这些项目大多是不纳入日常业务预算的，不过应该计入与此有关的现金收支预算和预计资产负债表。

财务预算包括现金预算、预计利润表、预计资产负债表和预计现金流量表，每项的编制依据和主要计算公式如表 3－5 所示。

表 3－5　业务预算编制表

预算名称	编制的依据	主要计算公式
现金预算	依据是业务预算和专门决策预算	某期现金余缺＝该期可运用现金合计－该期现金支出合计 期末现金余额＝现金余缺±现金的筹集与运用 如果余额是负的，说明现金不足，需要筹集资金
预计利润表	在销售预算、产品成本预算、制造费用预算、销售费用预算、管理费用预算和现金预算的基础上编制	这里需要注意本期销售成本和期间费用的计算
预计资产负债表	上年期末数已知，其余的项目都需要在之前各项业务预算和专门决策预算的基础上分析填列	需要注意应收账款、存货、应付账款、所得税、留存收益等
预计现金流量表	以业务预算、资本预算和筹资预算为基础	是企业能否持续经营的基本保障预算

第四节　加强企业财务预算的管理，促进经营目标的实现

现在市场竞争非常激烈，一些企业为了生存下去，开始用财务预算来控制成本，提高资源的利用率，给自己创造竞争优势。但是具体的实施后并没取得什么效果，这是为什么呢？主要是因为企业财务预算管理

没到位，存在诸多问题，导致实施后没取得什么效果或效果不明显。各企业财务预算管理中存在的问题概括起来主要包括以下几点：

一、财务预算的管理机构职责的划分不合理

有的企业觉得财务预算只跟财务部门有关，跟其他部门关系不大，于是在职责划分的时候，其他部门就不加重视。这种不合理的职责划分，导致财务预算很难在每个部门被认真地贯彻执行，使得财务预算管理的准确性得不到有效控制，最后取得的结果也就可想而知了。

其实，财务预算从最开始的制定到最后的贯彻执行，都不只是财务部门的事情。前面介绍过，财务预算是企业全面预算的最后阶段，是在前面预算的基础上所做的预算，内容涉及企业的业务、资金、财务、人力资源、管理等方方面面，可以说财务预算涉及企业的每一个部门，这时如果职责只跟财务部门有关，不能细化到每一个部门，怎么可能实现预算目标呢?

二、财务预算目标制定不合理

有的企业管理者看到别的公司用财务预算取得了不错的效果，于是决定在自己企业里推行，但是他对财务预算了解不够深入，在制定预算目标时没有事先了解清楚，导致预算目标要不太简单，失去编制预算的意义，要不完全脱离自己企业的实际情况，导致预算目标根本无法实现。这样的预算从一开始就注定不会取得一个好的结果。

三、预算考核制度不健全

有的企业财务预算前的调研做得很充分，预算也做得符合自身企业的实际情况，但是最后的考核制度却没做好，导致功亏一篑。要知道，想要让一个目标最后变成现实，除了要有一个具体的实施方案，还要有一个有效的监督考核制度，只有这样才能让目标变成现实，财务预算方案也是如此。

有的企业前面 90 步都走得挺好，但是最后的考核制度只是流于形式，这样导致预算出现问题后没有被及时发现并解决，这导致预算目标和企业实际经营目标越来越远，最后预算目标根本无法实现。

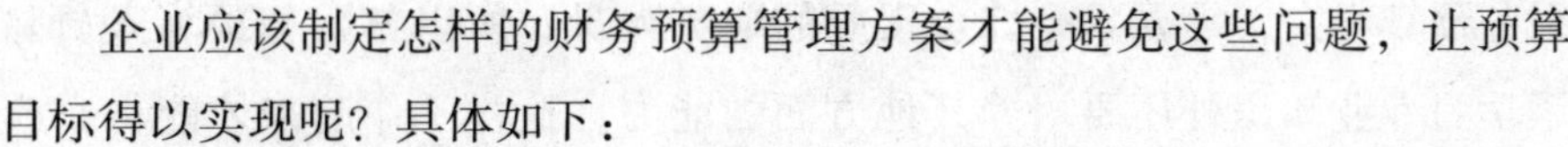

企业应该制定怎样的财务预算管理方案才能避免这些问题，让预算目标得以实现呢？具体如下：

一、完善企业管理制度

财务预算方案的顺利实施需要企业各个部门员工齐心协力，上至公司管理层，下到每个员工都要积极参与进来，只有在所有员工的共同努力下，才能将预算方案真正落实下去，预算目标才能实现。

企业应该完善管理制度，将财务预算方案细化到每个部门、每个员工的身上，并且通过积极沟通让他们同意，这样在以后具体的实施过程中，他们才会用心去完成，出现问题时他们才会积极想办法去解决。

二、编制预算时要深入调查，具体实施时要加大执行力度

其实，财务预算就是将各种资源和信息集合起来，为企业未来的资金运行、财务管理等各方面提供一个计划。这个计划编制需要大量的信息，信息越准确，编制的计划越符合该企业的真实情况，这样编制的计划也越容易实现，所以企业在编制财务预算前一定要深入调查，这种深入调查面对的不仅是企业内部环境，还包括外部市场环境。

财务预算编制好，真正落实下去的时候，要加大执行和奖惩的力度，这样才能让计划得以认真贯彻落实。如果执行力度不大，有些部门、有些人就会松懈，因为财务预算事关企业最后的经营结果，一些人的松懈最终会导致目标难以实现。

三、建立有效的监督考核制度

有效的监督和考核能够及时发现计划实施过程中出现的问题，并及时解决，如果外部环境发生较大的变化，通过监督考核，使财务人员得到及时反馈，那么就能及时调整预算计划，让财务预算得以顺利实施下去，最终实现预算目标。

四、加强财务人员的综合素质

财务预算方案的编制不仅需要财务人员具有专业的财务知识，还需要财务人员具有其他多方面的能力，比如跟其他部门的协调沟通，对企业经营的了解，对一些事情的准确判断等。想要编制出一份合理有效的财务预算方案，需要具有综合素质的财务人员，所以各财务预算人员除了学习专业知识外还要培养其他方面的能力，这样工作起来才能得心应手，才能将计划变成现实。

第五节　如何设计财务预算的日常管理报表

有的企业在编制财务预算时，因为缺乏全局观，导致有的预算并不符合有些部门的实际需求，这样在执行的时候就会出现各种问题，如果企业再没有一个好的监管，那么预算的执行就会出现随意性。比如，企业的招待费，虽然每年都有预算，但是如果不严加监管，经常会超标。

这样的财务预算即便做得再好，又有什么用呢？如果财务预算在执行过程中疏于管理，就不会起到应有的效果。再好的制度，如果只是流于形式，没有得到贯彻执行，最终也只是纸上谈兵，并没有什么实际意义。为了预防这样的事情发生，企业在编制财务预算后，在日常工作中还要加强管理，才能让好的制度发挥出其真正的效应来。

想要对财务预算进行卓有成效的管理，企业可以根据自身情况设计一些日常管理报表。这些日常管理报表在设计和应用时，要注意以下几方面：

1. 在设计日常管理报表时，最好根据每一个预算项目去设计，这样更加清晰、明了，更方便与预算进行对比。如果一张日常管理报表中包含了好几个预算项目，要注意将每一个预算项目分开，并要有小计和月累计，方便与预算做比较。

2. 在填写日常管理报表时要注意按凭证逐笔填写，如果每天次数很多，那么将每天的汇总后再填入，要注意跟明细资料配合起来，这样以后查询起来也方便。

3. 设计日常管理报表时，还要注意加上预算的数据，这样方便以后

每一期间的比较。

4. 设计日常管理报表时还要有异常说明的板块，这样如果出现差异，则可以在这一板块中对异常情况做出说明。

5. 当然既然设计了日常管理报表，就要配上相应的审核流程，这样当有的部门遇到困难时能够被及时发现，并给以协助，好让预算项目按计划顺利完成。基于这样的考虑，建议日常管理报表不要直接从责任部门送到督导那里，而是先将日常管理报表送到预算管理部门审查，签署意见后再呈给督导阶层，让其做必要的处理。

6. 如果是非常重要的日常管理报表，建议当作企业经营会议的讨论事项重点讨论，由责任主管提出相应的报告，然后再让相关人员提出意见和建议。

各企业可根据自身实际情况，设计出合理的日常管理报表，通过报表将各预算项目严格落实下去，尽量完成或超越预算目标。

第四章　怎么做好企业财务监督工作

第一节　企业财务监督的重要作用

现在不少企业管理者都没有财务监督的意识，认为只要设置一些财务制度进行约束就万事大吉了。其实，如果只有制度，而没有与制度相配套的监督手段根本达不到预防的效果。有的企业虽然意识到财务监督的重要性，但是在具体实施中却没有正确使用监督的人，结果对于财务人员的失误和错误，不能及时发现和处理，导致财务监督流于形式，没起到应有的监督作用。

王某在全国各地开了好几家企业，其中开在河北的A公司，相对于其他几家公司来说，规模和效益都差一些，所以一般他都不去，只在年末的时候才去看看。他将A公司的管理工作都交给自己信任的财务经理——刘某，刘某也不负所望，将A公司打理得井井有条。

因为王某对刘某极其信任，根本没有设置任何监督措施，最后刘某利用手中的特权让她的丈夫做了A公司的采购经理，让她的妹妹做了A公司的出纳，还把其他亲人都安排到一些好的岗位。没两年，刘某一家就住进了豪宅，过上了富豪的生活。

刘某通过合法的手段，让老板的钱流入自己的口袋，老板做了“冤大头”还对刘某心存感谢。老板冤吗？一点都不冤，谁让他明知自己经常不在A公司，还不设置一套财务监督机制呢？

所谓财务监督，就是通过运用一些财务手段，对企业的生产经营活动或业务活动进行观察、判断、建议和督促。

监督人员通过对会计核算的各类凭证、财务数据、价值指标等的真实性、合法性、合理性的审查，从而对企业的经济活动有一个清楚的了解，看看企业的经济活动是否遵守国家法律法规，是否符合本单位的计划、预算等。通过财务监督，能对企业整个经济活动进行控制，有助于强化企业内部的经营管理。

财务监督是经济管理的一种手段，通过有效的财务监督能规避一些财务风险，规避一些不必要的经济损失，从而提高企业的经济效益。就像上面的王某，如果他设置了相应的财务监督机制，就能避免损失了。

一家企业如果只想依靠财务人员的个人素质去规避风险，那就会带来很大的风险，因为人都有私心，并且心态也在不断变化。现在经常会出现利用职务之便，将公司财产变成自己财产的事情，主要就是因为财务监督没到位。像企业的现金、银行存款、固定资产、无形资产等，如果没有规范的资产管理控制措施，没有有效的财务监管，很可能就会变成别人的。所以加强财务监督，可以保护企业的各类资产，从而实现资产的保值增值。

此外，加强财务监督还有利于维护国家财经法规。因为财务监督就是根据国家财经法规，对企业经济活动进行检查，从而确保经营活动的真实和有效。如果说财务工作是企业一切经济活动的“关口”，那么财务监督则是关口中的那道“安全之门”，通过这道“安全之门”确保企业经营活动的顺利进行。

第二节　企业财务监督主要包括哪些内容

企业进行财务监督也是为了自身的发展壮大。通过财务监督，可以提高企业管理的效能，让管理者掌握真实可信的财务数据；通过财务监督，可以保证企业制订的计划和目标得以实现。

通常企业财务监督的具体内容主要包括以下几点：

一、原始凭证的监督

财务监督最开始就是用审核原始凭证出发，确保原始凭证的真实性、合法性、合规性、合理性。通过对报销单据、记账凭证、出入库单等的审核和对比，发现存在的一些问题，比如记录得不准确、不完整，或重要单据遗失、遗漏，有的单据不合法、不合理。对于发现的问题，要及时纠正和完善，并有相应的处罚措施，这样才能杜绝违规、编造虚假凭证的现象。

二、会计账簿的监督

企业经营和管理的直接结果是通过会计账簿体现出来的。想要了解真实的经营情况，会计账簿必须真实有效，所以监督人员要对会计和出纳的账簿进行严格的审核，看里面是否存在假账、坏账、烂账、外账等问题，以此来提高企业的效益和资产良化率。

三、企业财务报表的监督

财务报表是企业进行预算以及决策的重要依据，如果里面的数据不准确，其严重后果可想而知了。另外，外界也是通过财务报表来了解一家企业的，如果财务报表造假，对企业来说可能是一场灭顶之灾。当年的安然公司曾是“美国500强”的第七名，是世界有名的公司，结果就因为财务造假被世界唾骂。所以，企业要加强对财务报表的监督，要保证其真实性和准确性，严禁编造和篡改财务报表。

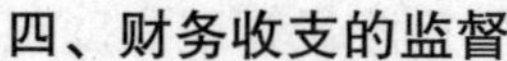

四、财务收支的监督

企业在运行过程中，要有一套健全的收支审批流程，任何收支都必须按照相应的手续操作，不得违反规定，这样才能避免违规现象的发生。关于收支很多企业都制定了相应的规章制度，但是在具体的执行过程中，经常有人不按规定执行，有了第一次就会有第二次，长此以往制度就会变成摆设，而财务收支又直接影响企业的盈利情况，所以对于财务收支要严加监督，发现漏洞马上弥补，确保财务收支的规范和资产的安全。

五、经济合同、经济计划及其他重要经营管理活动的监督

合同中的陷阱有很多，如果不进行监督可能面临重大的赔偿，有的企业因为一纸合同把自己都赔了进去。这里还要防止有的员工利用合同中的某些具有歧义的文字，为自己谋取利益。对于企业的经济计划也要进行监督，任何计划只有配上有效的监督才能保障其结果，否则就是空谈。

六、成本费用的监督

如果企业的收入不变，想要增加利润，那就只能对成本费用进行控制了，而监督是控制成本费用的一个有效手段。在对成本费用进行监督的时候，最好结合企业预算，这样效果会更好，在监督过程中发现问题一定要及时修正，只有这样才能保证目标的实现。

七、利润的实现与分配的监督

监督要有始有终，这样才能达到监督的最终目的——实现自身的发展壮大。对于企业获得的利润以及利润分配也要进行监督，要保证企业所有的一切经济活动都是合法的，只有这样企业才能走得更远。

第三节　制定财务监督管理制度

财务监督也是企业管理的一部分，也要制定相应的管理制度，只有这样才能保证财务监督的严格执行。通常企业财务监督管理制度包括以下几个部分。

一、目的、依据

企业制定的所有制度都是有一定目的和依据的，财务监督也不例外。财务监督管理制度的目的大多是保护公司资产的安全与完整，规范各项经费的支出，强化财务监督，还有保证各项经营活动的合法及有效实施。制定的依据既有国家相应的法律法规，还有企业内部的一些规章制度等。

二、适用范围

对于有分公司或子公司的企业来说，要说明一下这个制度是不是也适用于它们。

三、机构职责和权限

要说明财务监督管理部门的成员，以及他们的职责与权限。职责和权限要写清楚，这样有了问题才知道应该找谁去解决。

四、财务监督管理的目标

这个和前面的目的不同，主要是想要通过财务监督具体达到什么样的效果。这个目标要具体、明确，这样才能发挥财务监督的作用。

五、基本原则

财务监督基本原则有：合法性原则、客观公正性原则、多元性原则、持久性原则、原则性与灵活性相结合的原则、有效性原则。当然各企业也可根据自身的需要，制定出自己的原则。

六、监督管理内容

各企业根据自己的经营活动和需求去制定，通常包括投资管理、资金筹划、成本控制、费用控制、内部信息、预算管理等内容。

七、授权与批准

这里主要规定通过什么方式去授权，都授予什么样的权力。比如，有的公司财务监督管理制度中规定总经理对董事会负责并有制定公司具体规章的职权。

八、监督管理程序

监督也要按照一定的程序来，不能任意而为。在制定财务监督制度的时候，要规定好财务监督管理的程序。

九、监督管理办法

规定各部门主要负责监督什么，一些日常的财务监督由谁负责，怎么进行有效的财务监督。比如：规定相关部门可以定期或不定期对公司财务进行检查以及一些具体项目需要从哪些方面进行监督等。

十、检查与考核

主要规定一些部门需要上交的工作报告。

十一、附则

对以上内容进行补充说明，如当国家相关法规对这个管理制度另有规定时，将遵照国家相关法规执行；还会特意说明一下，这个管理制度中如果有遗漏，将按国家有关法律、法规执行；另外说明管理制度的执行时间。

第四节　财务监督的有效手段

一些企业实施财务监督管理后，发现“理想很丰满，现实很骨感”。虽然监督管理制度很好，但是并没有取得想要的那种效果，这是为什么呢？主要原因还在于管理上存在以下几点不足：

一、内部控制不健全

虽然有的企业设置了完善的财务监督制度，但是内部控制管理却很混乱，有的没有设立会计核算、稽核、分析等岗位，只能一人身兼数职，导致员工的职责不清，财务流程混乱，难以及时发现工作中的错误，导致财务监督不能发挥出应有的效果。

二、财务信息失真

有的财务人员在日常工作中，不严格根据相关规定去操作，最后导致财务信息不真实、不全面，有时还会有瞒报、虚报的情况。根据这些不真实的信息得出的财务报表，也不能发挥本来的作用。决策者如果用这样不能反映企业真实情况的财务报表去做预算，去制定目标，那么目标肯定会跟实际情况有很大的偏差，甚至还会出现决策失误的现象。

三、预算管理不重视

有的企业管理者不重视预算管理，觉得预算管理没什么用，不过是用电脑计算而已，还没自己的脑袋好，于是就按自己的想法去定目标，这样做的结果如何也就可想而知了；有的管理者虽然比较重视预算，但是却没有完善的预算管理制度，导致日常工作中财务预算失去了应有的参考作用；有的企业虽然制定了完善的预算管理制度，但是却没有很好地落实下去，导致预算没有起到指导作用。

因为以上种种原因，导致财务监督没有取得应有的效果。企业应该采取哪些有效手段才能让财务监督真正起作用，才能实现企业目标呢？主要手段主要有以下几点：

一、健全内部控制制度

只有建立一个健全的内部控制系统，企业财务的日常工作才能顺利高效地进行。健全的内部控制系统包括：健全的内部控制制度，这些制度规范了财务人员的各项工作，各自的职责和权限；还要配备齐全相关的财务人员，不要让一人身兼数职，即便他能力真的很强；对管理人员也要进行监督，让他们也严格按照相关规定来开展工作。只有这样才能保证财务信息的真实有效，剩下的工作才能进一步开展起来。

二、提高财务信息质量

企业管理者要加强对财务信息真实性的认识，确保财务信息的如实记录，只有真实、有效的财务信息才能对企业的决策有指导作用。企业管理者不要因为贪图一时的好处怂恿、纵容财务人员去弄虚作假，要严格执行企业会计制度的相关规定并要求财务人员严格落实下去，此外，还要去监督是否落到了实处，这样做的好处之一就是保证财务信息的真实可信，在此基础上所做的决策才有指导意义，所定的目标才有可能实现。

三、加强预算管理工作

企业应按照相应的预算管理制度，编制出适合自身的、科学的、合理的财务预算，这样每一项分解出来的指标才更符合企业的实际情况。企业应加强对预算的管理，以确保企业财务预算的顺利进行，确保预算结果跟事实相符，避免发生超出预算的事情，以此确保各项工作的顺利开展。因为企业在一定时期内的资金是有限的，这里多用了，那里就得减少，这样就会影响企业的正常运转。

四、保证内部监督机制

对于企业内部的审计和监督制度，各企业一定要重视起来，并尽量保证内部审计和内部监督的独立性，以此保证内部审计和内部监督工作顺利进行。内部审计和内部监督隶属于企业内部，其独立性有时很难保证，企业管理者应该认识到这一点，对他们充分授权，只有这样才能保证他们工作的顺利开展。

五、培养高素质的工作人员

财务监督的工作人员除了专业知识外，还需要去沟通、去管理，所以需要他们具有综合能力。在日常工作中，企业应培养他们的综合素质，不断提高他们各方面的能力，打造一支高素质的队伍，这样的队伍能帮助企业实现预算目标。

企业财务监督对企业发展有重要的作用，各企业应根据自身的实际情况认真落实下去，以应对未来更加激烈的竞争。

第五章 企业财务分析实操

第一节 企业财务分析，主要分析什么

所谓财务分析，就是财务人员通过一系列专门的分析技术和方法，对会计核算和报表等资料进行分析总结，从而为企业投资者及内部管理者等提供相应的信息，让他们对企业的过去、现状、未来有所了解，为他们做出正确的决策提供一些必要的信息。

一般企业财务分析都分析些什么呢？这个主要看我们的财务分析报告是给谁看的。如果面对的是企业投资人，那么财务分析就是财务报表分析；如果是给企业内部管理人员看的，那么财务分析主要偏重于财务计划和运营分析。

财务人员在写财务分析报告时，要先清楚自己所要面对的对象是投资者还是内部管理者，根据他们各自的需求有侧重地进行分析，这样的财务分析报告才会更有针对性，更能引起对方的关注。

一、财务报表分析

作为企业投资者主要想要了解企业整体的运营情况，以及企业可能存在的一些经营风险，这样才能更好地预测企业未来的发展趋势，从而决定自己的投资策略。所以面对投资者的财务分析报告主要包括以下内容：

1. 反映企业运营能力的一些指标，比如：存货周转率、应收账款周转率、营运周期；

2. 反映公司盈利能力的一些指标，比如：销售毛利率、销售净利率、资产收益率、利息保障倍数；

3. 反映公司风险的一些指标，比如：资产负债比、财务杠杆。

当然，在分析的时候要结合企业以前的情况以及同行业其他企业的情况进行对比。通过跟过去的对比看企业跟过去相比盈利能力是增加还是降低了，从而判断企业未来的发展趋势；通过跟同行业对比，看该企业处于同行业什么水平，处于什么位置，是不是具有竞争优势，未来优势还能否持续等。

二、财务计划与运营分析

作为企业内部的管理者，主要想通过财务分析发现企业在运行过程中存在的一些问题和风险，然后有针对性地改进，从而改善企业的经营状况，让企业更好地运行下去。所以，针对企业内部管理者的财务分析报表要侧重于公司的财务数据和业务数据，其内容主要包括以下几点：

1. 反映预算完成情况的一些指标，比如：当月的营收、利润是否完成，如果没有完成是什么原因造成的，要如何改善；还有成本、费用是否有效得到控制，如果没有，到底是哪些部门没有控制好，是什么原因导致其没有控制住，有什么好的方法能有效控制。

2. 反映经营结果的一些指标，比如：项目的投资回报率、产品的成本构成、营销效果、客户的利润贡献、新产品盈利等。

企业内部管理者更关注企业价值的创造环节，以及业务流程、业务实现等，所以再做财务分析报告时，通常会侧重因素分析，通过分析找到一些数据背后的成因，以便发现问题并及时改进，此外还会使用比率分析、对比分析、趋势分析等方法，对企业进行更全面的分析，从而帮助企业顺利达成既定目标。

企业财务人员应根据分析报告的不同使用者，有侧重地进行分析，这样的财务分析报告才更专业，也更有针对性，才能发挥出更大的作用。

第二节　如何写出一份完美的财务分析报告

有不少财务人员在写财务分析报告时，喜欢用各种数据还有一堆图表进行堆砌，洋洋洒洒几十页，各种专业术语，横向、纵向对比都有，但是大家根本不知所云，最后所提的意见也没有得到应有的重视。为什么会这样呢？主要原因有以下几点：

1. 财务分析报告都是各种数据的罗列，根本就没有对数据进行深入的分析。

比如，财务人员通过比较得出净资产收益率增加 5%，但是没有具体分析净资产增加到底是收入增加、毛利润增加所致，还是原材料价格降低、成本降低所致。对于销售费用的增加，财务人员得出的结论是因为销售收入增加了。这样肤浅的分析是没有什么实际意义的，怎么会引起管理者的关注呢？

真正的分析应该是什么样的呢？比如，公司收入的增加，要通过分析找到收入增加的真正原因，到底是因为市场营销力度的加大还是别的原因？比如，有的企业为了业绩，将原来现款现货的销售方式改为三个月或半年回款的方式，客户当然愿意多采购了。这样企业的收入虽然增加了，但是现金流却减少了，财务费用无形中增加了，财务风险也相应地增加，这样的增加对公司到底是好还是坏？针对分析出来的结果，企业应该采取什么样的措施？

这样一份财务分析报告，才会引起管理者的注意，财务人员的建议才会被关注。

2. 财务分析报告只是一些财务的分析而已，跟业务没有什么关系。

要知道，虽然是财务分析报告，但除了关于资金方面的问题外，基本都是围绕业务进行的。想要让你的财务分析报告有价值，一定要跟业务分析结合起来。

比如，从财务报表上看，企业的收入和利润都增加了，但是仔细分析会发现原来企业承包了一个标的额为 1 000 万元的采购合同，成本是 800 万元，该企业已经将货物全部发出，并且发票也全部开了，也就是该企业收入的增加是因为应收账款的增加而已。不过再结合合同发现远不止如此，原来合同里说这笔 1 000 万元，客户每年只付 200 万元，5 年才付清全部货款。考虑到年金现值、利息费用，企业还能赚多少？这笔生意到底是赔了还是赚了？

所以，财务分析一定要跟企业的业务结合起来才有现实意义。如果你只是对数字进行分析，那么得出的结论对企业根本没有什么指导意义，怎么可能会有人重视呢？

3. 不会将财务语言转换成通俗的语言。

有人写财务分析报告时，喜欢用专业的术语去表达自己的观点，觉得这样的财务分析报告才“高大上”。确实，这样的财务报告能唬住一帮非专业人士，但是人家主要是想通过你的报告了解企业发展现状，又不是要听你这些不知所以的言论，所以财务人员在做财务分析报告时，应注意自己的用语，尽量将专业性的语言通俗表达出来，只有这样别人才知道你表达的是什么，才能知道你的提议到底是好还是坏。

4. 财务分析尽量说一些别人没有注意到或重视的东西。

有的人写财务分析报告，写的都是领导早就知道的东西，这样的报告也就失去了其应有的作用。在写财务分析报告时，要试着跟管理者换位思考一下，想想他们关注的是什么，有哪些情况他们没有注意到，并且对企业发展来说还很重要。如果你的财务分析报告做到了这点，那么就能吸引管理者的目光。

下一次写财务报告的时候，试着从这些方面入手，对自己的报告进行修改一下，看看其效果如何。

第三节　常用的财务分析方法

想要快速弄懂企业财务报表一个个抽象数字背后到底表达了什么信息，必须要掌握一些实用的分析方法才行。常用的财务分析方法主要有以下几种：

一、比较分析法

比较分析法是指通过对两个或两个以上经济指标进行对比，找到其差异，并进行差异分析或趋势分析的一种财务分析方法。常用的比较分析方法主要有财务报表的比较、重要财务指标的比较、财务报表项目构成的比较三种。

通过比较分析可以发现差距，并找到差异的原因以及对差异的影响程度，进一步改善公司的经营管理；如果将实际完成的数据跟企业的历史数据比较，或与计划比较，可以明确企业的发展趋势，可以帮助管理者做出更加合理的财务决策。

财务报表的比较是将连续两期或两期以上的数据并列起来，对同一指标的增减变动和幅度进行比较，以此来判断该企业的财务状况或经营成果。比如比较资产负债表，就是将连续两期或者两期以上的资产负债表并列起来，直接分析资产、负债等每一项目增减变化的绝对值和百分比。

重要财务指标的比较，是对不同时期财务报表中的同一指标或比率进行比较，根据其增减变化的发展趋势，预测其未来的发展前景。用到的公式有：

定基动态比率＝分析期数值/固定基期数值×100%

环比动态比率＝分析期数值/前期数值×100%

财务报表项目构成的比较是在财务报表比较的基础上发展起来的，是将财务报表中的某一个总体指标当作 100%，然后计算其他项目相对该总体指标的百分比，根据其他项目占比的变化判断企业的发展趋势。这种方法既可以用于同一企业的不同时期，又能用于不同企业之间的比较。

二、趋势分析法

趋势分析法也叫水平分析法，通过对比两期或连续数期财务报表中的同一指标，找到其变化的方向、数额或幅度，从而预测企业的未来发展方向。通常会用到以下三种方法。

1. 重要财务指标的比较

这种方法是将不同时期的财务报表中的同一指标或比率进行比较，看其增减变化情况，从而预测其发展趋势，可以通过定基动态比率和环比动态比率进行分析计算。

定基动态比率 = 分析期数额/固定基期数额

环比动态比率 = 分析期数额/前期数额

2. 会计报表的比较

将连续数期财务报表中的某一项目的数据并列起来，观察其金额和幅度的增减变动，以此推断出企业未来的发展变化。

3. 会计报表项目构成的比较

这种方法是在财务报表比较的基础上发展起来的，主要是将财务报表中的某个总体指标当作 100%，然后计算出其他组成项目占该总体指标的百分比，以此来比较各个项目的增加变化，从而判断企业的未来趋势。

采用趋势分析法时要注意，用来对比的指标在计算口径上必须保持一致，还要将偶然发生的项目剔除，这样才能分析预测企业未来的发展方向。在分析中如果遇到变化明显的数据，则要认真追究其产生的原因，这样才能起到财务预防的作用。

三、比率分析法

通过对财务报表中相关数值比率的计算，从而分析出该企业的财务状况和经营成果。这是财务分析中常用的一个工具，根据分析的不同目的和要求，通常需要了解的比率主要有以下几种：

1. 偿债能力，包括短期偿债能力和长期偿债能力，其中短期偿债能力用到的公式有：

流动比率＝流动资产合计/流动负债合计×100%（这是衡量企业短期偿债能力的指标，比率越大说明企业短期偿债能力越强，也说明企业的运营资金很充足，不过对公司和股东来说并不是比例越大越好，通常情况下如果这一比例超过5∶1，则意味着企业的资产没有充分发挥出应有的作用。）

速动比率＝（流动资产－存货）/流动负债×100%（一般情况下这一比率最低限是0.5∶1，如果保持在1∶1时，即便公司资金周转困难，也不会影响短期偿还债务的能量。）

流动资产构成比率＝每一项流动资产/流动资产总额

长期偿债能力用到的公式主要有：

股东权益对负债比率＝股东权益/负债总额×100%

负债比率＝负债总额/资产总额（也叫财务杠杆，不是说负债比率越低越好，企业有一定的负债说明该企业能有效地利用股东的资金，用有限的资金进行较大规模的经营，负债率过低说明企业没有很好地利用其资金。）

举债经营比率＝负债总额/总资产净额×100%

产权比率＝股东权益/总资产净额×100%

固定比率＝股东权益/固定资产×100%

固定资产对长期负债比率＝固定资产/长期负债×100%

利息保障倍数＝（利息费用＋税前盈利）/利息费用

2. 资产管理比率，用到的公式有：

存货周转率＝销货成本/存货平均余额

应收账款周转率＝赊销收入净额/平均应收账款

流动资产周转率＝销售收入净额/平均流动资产总额×100%

固定资产周转率＝销售收入/平均固定资产净值

总资产周转率＝销售收入净额/平均资产总额×100%

3. 负债比率

资产负债率＝负债总额/资产总额

产权比率＝负债总额/股东权益

有形净值债务率＝负债总额/（股东权益－无形资产净值）

已获利息倍数＝息税前利润总额/利息支出

4. 盈利能力比率

销售毛利率＝（销售收入－产品成本）/销售收入

销售净利率＝净利润/销售收入

资产报酬率＝（利润总额＋利息费用＋所得税）/平均资产总额×100%（用来衡量企业运用所有投资资源获得经营成效的指标，比率越高，说明该企业运用资产的效果越好。）

权益净利率＝净利润/平均净资产

四、因素分析法

通过上面的几种分析方法可以明确财务报表中各经济指标中的变化，但是想要分析相关联的几个因素对某一财务指标的影响程度却无能为力，这时需要借助因素分析法。

因素分析法，也叫连环替代法，是用统计指数体系来分析相关联的指标对某一财务指标影响程度的一种统计分析方法。

使用因素分析法的前提是有好几个因素同时对分析对象产生作用，这时假定其他各因素都没有变化，依次看看每一个因素单独变化时对分析对象会产生什么影响，具体步骤如下：

1. 将分析的对象分解成几个构成因素；
2. 确定各项因素的排列顺序；
3. 根据确定的顺序对各项因素的基数进行计算；
4. 以各项因素的实际数值替换基数，重新计算结果，并将结果进行比较，计算出影响程度，直到替换完毕；
5. 计算各项因素影响程度之和，看看是否跟差异总额一致。

例：A 企业的成本采用的是计划成本法，2020 年 1 月其计划产量为 10 万件，材料单价每千克为 10 元，每件产品用料为 5 千克，原材料成本总计 500 万元。1 月的实际成本为 726 万元，产量为 12 万件，材料单价为 11 元，每件产品用料 5.5 千克。

第一步：因为原材料成本 = 产量 × 材料单价 × 每件产品用料量，所以将原材料成本分解为产量、材料单价和每件产品用料量这三个因素，并以此为序逐个分析它们对原材料成本的影响。

计划成本 = 10 × 10 × 5 = 500（万元）

实际成本 = 12 × 11 × 5.5 = 726（万元）

差额 = 726 − 500 = 226（万元）

第一次替代 = 12 × 10 × 5 = 600（万元）

产量增加对成本的影响＝600－500＝100（万元）

第二次替代＝12×11×5＝660（万元）

材料单价增加对成本的影响＝660－600＝60（万元）

第三次替代＝12×11×5.5＝726（万元）

每件产品用料量对成本的影响＝726－660＝66（万元）

综合这三个因素对成本总的影响是100＋60＋66＝226（万元）

采用因素分析法要选择好分析对象，还要了解各因素之间的联系及对分析对象的重要程度，这就需要分析人员对企业的产品、业务很熟悉，这样分析的结果才会有效果。

第四节　企业盈利能力分析

企业的盈利能力就是企业获取利润的能力，是指企业通过各种经济资源获得利润的能力，也是企业经营的成果体现，通常表现为一定时期内企业收益水平的高低。

对于投资者来说，如果企业的盈利能力强，则能获得投资收益；对债权人来说，如果企业的盈利能力强，则其借出资金的本金和利息都有了着落；对企业管理者来说，其管理的业绩也是通过盈利能力的高低来反映的。通过对企业盈利能力的分析，可以清楚企业现在的经营情况以及未来发展趋势，所以对企业的盈利能力进行分析是非常有必要的。

通常对企业盈利能力的分析主要是指对利润率的分析，一般情况下主要从以下四个方面进行分析：

一、资本经营盈利能力分析

资本经营盈利能力是指企业的所有者通过投入资本经营取得利润的能力。其基本指标是净资产收益率，也就是本期净利润与净资产的比率，计算公式如下：

净资产收益率＝净利润/平均净资产×100%

净资产收益率也叫股东权益收益率，就是净利润与平均股东权益的百分比，其比值越高，说明投资的收益越高。

二、资产经营盈利能力分析

资产经营盈利能力，是指企业运营资产所产生的利润能力，其指标是总资产报酬率，也就是企业一定时期内获得的报酬总额与资产平均总额的比率，其计算公式如下：

总资产报酬率＝（利润总额＋利息支出）/平均总资产×100%

这里的利润总额是企业的全部利润，包括当年的营业利润、投资收益、补贴收入、营业外支出金额等，如果是亏损就用“－”号表示；利息支出，是指企业在生产经营过程中实际支出的借款利息、债权利息等；平均资产总额是企业资产总额年初数与年末数的平均值。

通常情况下总资产报酬率越高，说明该企业的资产使用效率越高，创造的利润也就越多。

三、商品经营盈利能力分析

商品经营盈利能力分析没有考虑企业的筹资与投资问题，只考虑了利润与收入和成本之间的比率关系，其指标主要有两类：一类是各种利润额与收入的比率，被统一称为收入利润率，比如主营业务利润率、营业收入利润率、总收入利润率、销售净利润率等；另一类就是各种利润额与成本之间的比率，被统一称为成本利润率，比如销售成本利润率、营业成本费用利润率、全部成本费用利润率等。

四、上市公司盈利能力分析

上市公司跟非上市公司之间是有区别的，其盈利能力除了一般盈利能力的指标外，还有一些特殊的指标分析，比如每股收益、普通股权报酬率、股息发放率、价格与收益比率等。

财务人员应根据企业财务报表，通过上面的理论对企业的盈利能力进行分析，对未来的盈利能力有所判断。

第五节 企业营运能力分析

企业营运能力主要是指企业营运资产的效率与效益，而企业营运资产的效率主要是指资产的周转率或周转速度，企业营运资产的效益则是指资产的利用效果，这通过资产的投入与产出来体现。

一家企业营运能力强，就是指该企业可以用尽可能少的资本，在尽可能短的时间内，生产出尽可能多的产品，从而实现尽可能多的销售收入，获得尽可能多的利润，进行实现企业价值的最大化。

企业营运能力分析，就是通过计算和分析反映企业资产营运快慢和收益好坏的指标，从而对企业的营运能力有个总体评价的分析。企业营运能力分析是财务分析的一个重要组成部分。

在分析企业营运能力时，常用到的指标有很多，包括应收账款周转率、存货周转率、净营运资金周转率、流动资产周转率、总资产周转率等。具体内容如下：

一、总资产周转率的分析和计算

总资产营运能力对应的指标是总资产周转率。总资产周转率也被称为总资产周转次数，是指企业在一定时期内的营业收入与总资产平均占用额的比率，其计算公式如下：

总资产周转率 = 营业收入/总资产平均占用额（次）

总资产平均占用额 =（期初资产总额 + 期末资产总额）/2

总资产周转天数 =360/总资产周转率（天）

总资产周转率越高，说明资产周转得越快，说明资产的有效使用程度也越高，总资产的运用效率也越好，从而企业的偿债能力和获利能力也越强。

二、流动资产周转率的分析和计算

流动资产周转率也叫流动资产周转次数，是指企业在一定时期的营业收入与流动资产平均占用额的比率，其计算公式如下：

流动资产周转率 = 营业收入/流动资产平均占用额

= 营业收入净额/流动资产平均占余额

流动资产平均占用额 =（期初流动资产 + 期末流动资产）/2

流动资产周转天数 =360/流动资产周转率

通过流动资产周转率，我们可以知道流动资产的周转速度和生产经营中创新纯收入的情况，当成本收入率大于 1 时，说明企业可以获得经济效益，这时如果流动资产垫支周转率越大，说明企业运用资产产生的效益越好。

三、固定资产周转率的分析和计算

固定资产周转率也叫固定资产利用率，是企业年销售收入净额与固定资产平均净值的比率，其计算公式如下：

固定资产平均净值 =（期初净值 + 期末净值）/2

固定资产利用率 = 产品销售收入净额/固定资产平均净值

通常情况下，固定资产周转率越高，说明固定资产的利用率也越高，其产生的效果也越好。

四、存货周转率的分析和计算

存货周转率也叫存货周转次数，主要是用来衡量企业销售能力与存货周转速度的指标，是指在一定时期内营业成本与存货平均占用额的比率，其计算公式如下：

存货周转率＝营业成本/存货平均占用额

存货周转期＝360/存货周转次数

存货平均占用额＝（期初存货余额＋期末存货余额）/2

一般情况下，存货周转率越高，说明存货周转的次数越多，说明存货周转的速度越快，利用效果越好。

五、应收账款周转率的分析和计算

应收账款周转率也叫应收账款周转次数，反映的是企业应收账款变现速度和管理效率的高低，是指企业在一定时期内商品赊销收入净额与应收账款平均占用额进行对比所确定的一个指标。其计算公式如下：

应收账款周转率＝商品赊销收入净额/应收账款平均占用额

应收账款周转期＝360 天/应收账款周转次数

商品赊销收入净额＝销售收入－现销收入－（销售退回－销售折让与折扣－坏账准备）

应收账款平均余额＝（期初应收账款＋期末应收账款）/2

一般情况下，应收账款的周转率越高，说明周转速度越快，也就是企业的回款快，这说明企业在应收账款方面管理得比较好。

第六节　企业经营分析

在竞争越来越激烈、利润越来越少的今天，通过对企业的经营进行专业的分析，可以发现经营中存在的一些问题并提出整改意见，增加企业的营收，从而提高企业的竞争力。

对企业经营进行分析是为了从过去的经营状况中预测未来，也就是说经营分析应该侧重于未来。一次完整的经营分析应该包括以下六个方面：

一、外部环境的分析

所有企业都处在社会大环境中，这个外部环境存在于企业周围，会对企业的经营活动和生存发展造成一定的影响。因为它是外在因素，具有不可控性，对企业来说既是机会也是威胁，所以在制定经营策略时必须要对外部环境进行分析。

之所以对企业外部环境进行分析，主要是为了从外部不断变化的环境中寻找和总结规律，从而让企业在发展中把握机会。

二、内部资源分析

企业的发展壮大还需要具有自己的核心竞争力，所以企业要对自己所拥有的优势和存在的劣势进行深刻的分析，然后结合外部情况制定适合自身发展的经营计划。

企业的内部资源分析包括：企业管理状况，比如体制机制、组织结构、战略规划、企业文化等；生产和操作，比如生产规模、技术水平、产品质量等；新产品和新技术的研发能力；企业品牌形象；企业的市场营销活动和营销能力等。

比如，某企业营销能力的优势、劣势的分析表如表 5－1 所示：

表5－1　某企业营销能力优势、劣势分析表

营销能力	性能				重要性		
	特强	强	中	弱	高	中	低
公司品牌形象							
有较大市场占有率							
公司产品质量好							
服务水平高							
生产成本低							
物流成本低							
营销能力强							
研发能力强							
占地理优势							
拥有原料优势							
拥有固定客户群							
价格低							

比如，某企业生产能力的优势、劣势分析表如表5－2所示：

表5－2　某企业生产能力的优势、劣势分析表

生产能力	性能				重要性		
	特强	强	中	弱	高	中	低
设备先进							
强大的规模经济利益							
新产品、新技术独享							
敬业、高素质的员工队伍							
品种齐全							
工艺流程先进							
安全、损耗、计量准确							
场地整洁、优美							
服务操作规范、整齐							

三、竞争战略分析

企业在制订战略计划时要对自己所处的行业进行分析，看看自己怎样做才能在竞争中不断保持优势。

四、财务报告分析

财务报告分析分为会计分析和财务分析。通过对会计政策和会计核算的分析，可以知道会计数字是否准确，只有准确可靠的会计分析才能得出可靠的财务分析报告。比率分析和现金流分析是财务分析工具中常用的两个。

五、成长战略分析

通过对企业内部和外部成长战略的分析，以及当前经营业绩和经营战略对未来影响的分析，从而从战略上对企业的未来做出预测。

六、企业风险分析

每家企业都面临经营失败的风险。通过对企业经营风险因素的综合分析，得出一个风险的临界值。企业风险分析主要从环境风险、经营管理风险和金融风险三个方面去分析、评价企业存在的风险，从而使企业得到提前预警。

通常采用 SWOT 分析法对企业经营进行分析。通过对外部环境的分析，找到影响企业发展的主要机会和威胁，通过对内部资源的分析，找到企业的优势和劣势。然后通过一些策略让企业抓住机遇，发挥出自己的优势，从而在竞争中脱颖而出。

第六章　企业财务风险管理

第一节　企业财务风险来自哪里

伴随着我国经济的快速发展，企业运营也出现了一些新的机遇和风险，其中财务风险就是不得不重视的一种风险。财务风险关系着企业的生存与发展，处理得当可以减少企业的损失，让企业快速发展起来，处理不当可能严重阻碍企业的发展，严重的甚至让企业破产。

企业财务风险是企业经营总风险在财务活动上的集中体现，是指在企业经营过程中，会遇到一些难以预测或控制的因素，这些因素会导致企业的财务状况出现很大的不确定性，甚至还会出现蒙受经济损失的可能性。就像2020年出现的新冠肺炎疫情，让不少企业蒙受了很大的损失，有的企业直接破产。

企业想要顺利发展下去，必须要对企业的财务风险有所了解，并提前做好预防措施，这样才能保证企业长久发展下去。在制定行之有效的财务风险预防措施之前，我们还是先了解一下企业财务风险主要来自哪里，这样才能有针对地制定相应的策略。

企业财务风险有很多，不过总结起来主要有外部风险和内部风险。具体说来，企业财务风险如下：

一、外部风险

现在是经济全球化的时代，任何企业的生产和经营或多或少都会受到世界经济和国家经济波动的影响，也会受到本身行业周期的影响，以及上下游企业的影响，国家的宏观经济政策如财税政策、货币政策、利率政策等都给企业的收益带来不确定性，造成一定的财务风险。

1. 宏观经济变化

对企业来说，宏观经济的变化很难预测也无法改变，这无疑会给企业带来财务风险，对于这样的风险就看企业的应变能力了。比如2020年的新冠肺炎疫情，让很多企业蒙受了巨大的经济损失，但有的企业应对及时，积极响应国家号召加入生产口罩这个行业，挽回了一部分损失。

2. 财税政策变化

所有企业都有纳税的义务，税收会增加企业现金的流出，税收政策的变化决定企业纳税的多少，跟企业的盈利多少息息相关。面对税收政策的变化，企业应该及时了解国家最新的法律法规，并根据这些政策法律，合理安排和筹划企业的经营活动，减少税务负担。

3. 利率汇率变动

一般情况下，企业负债的利息率是固定的。如果利率下降，但是企业还需要按照之前约定的利率支付利息，这样无形之中增加了财务成本，导致企业盈利减少，增加了企业的财务风险。如果市场利率增加，相当于企业财务成本降低了，但是随着市场利率持续上升，货币有可能升值，这样公司的债券会有赎回的压力，这加重了企业的负担，增加了企业的财务风险。如果企业融资的是外币，那么汇率的变化也会带来相应的财务风险。

4. 产业政策的变化

有时国家为了调整产业结构，会对某些产业采取一些鼓励的措施，对另外一些产业采取限制的措施，通常这些措施会对企业的经营活动产生重要的影响，给企业带来一定的财务风险。

二、内部风险

跟外部风险的不可控相比，内部风险通常是可控的，如果企业能建立一套有效的风险防控体系，那么很多内部风险都是可以避免的。企业内部风险主要存在融资、投资和经营活动中，各企业应根据自己企业的特点，所处的不同时期，制定出适合自身的一套风险防控系统。

1. 经营者的风险偏好

有的经营者喜欢追求高收益，但是高收益必然伴随着高风险，因为经营者的意见具有决定性的作用，这增加了企业的财务风险，如果经营者意识到自己的问题，对自己的权力进行适当的限制，那么可以减少这类的风险。

2. 管理者缺乏风险意识

只要企业正常经营，肯定会存在一些财务风险，但是有的企业管理者缺乏这方面的意识，以为只要保证企业的盈利能力就好，对存在的问题视而不见，让企业处于巨大的风险之中。

3. 企业内部财务关系混乱

有的企业总公司和分公司，母公司和子公司，以及各分公司或子公司之间存在资金管理、资金使用和利益分配混乱问题，不仅造成资金使用效率极低，并且还让资金的安全性没有保证。

4. 财务决策不科学

有的企业在进行财务决策时根本不进行客观的科学分析，决策人员只根据过去的经验及主观臆断就做出决定，这样不科学的决策必然会给企业带来财务风险。比如，有的企业在投资固定资产时，根本不进行可行性的分析，再加上一些决策者本身的素质也不高，掌握的信息也有限，最后导致投资失误也是必然的。

5. 缺乏健全的财务管理制度

有的企业因为没有健全的财务预警机制，导致企业的财务负担过重，最后因为偿付能力严重不足而产生严重的财务风险。

6. 员工的职业素养

有的企业整体员工素养不高，没有良好的职业道德和较高的专业水平，这也增加了企业的财务风险。

企业应根据自身的实际情况，分析可能存在的财务风险，然后根据这些财务风险制定相应的应对措施，在经营中把这些措施严格执行下去，以保证企业未来的健康可持续发展。

第二节　企业在筹资中存在的风险及预防措施

现代企业间的竞争越来越激烈，一不注意可能就被别的企业所替代。为了保证企业的竞争优势，扩大经营规模已成为一种趋势，于是进行必要的筹资成为企业的一种策略。

随着筹资活动的日益频繁化和复杂化，一些潜在的风险也开始显现。为了减少企业的损失，保证企业的收益，必须要对企业筹资中的风险有所认识，并采取相应的措施提前进行预防，这样才能保证企业的盈利能力。

企业筹资风险是指企业因筹资其盈利能力变得不确定，也就是说这个筹资活动可能会增加企业的利润，也可能会减少企业的利润，甚至有可能导致企业的亏损。

造成企业盈利能力不确定性的原因，是在市场经济大环境下，筹资过程中企业资金利润率和借款利息率具有不确定性，这个不确定性带来的后果就是企业资金利润率可能高于借款利息率，也可能低于借款利息率。如果企业决策正确，管理有效，使得企业利润率高于借款利息率，那么企业就会达到筹资的目的。但是，现在竞争这么激烈，稍有不慎，就会带来一系列筹资的风险。筹资风险主要表现为以下两种：

1. 筹资导致企业支付能力降低（企业支付能力就是企业偿还到期债务的能力）

有的企业因为经营不善，可能会出现收不抵支的情况，这时就会出现到期的债务无法偿还的风险。如果企业在这种情况下还发生亏损，那么企业的净资产就会减少，这样作为偿还债务保障的资产总量就会减少。如果负债没变，企业的亏损越多，那么其偿债的能力就会越来越低，最后可能因为资不抵债而破产。

当年红极一时的ofo小黄车，在获得融资后迅速扩张，不仅在国内跑马圈地，还不断扩大国外市场，虽然地方占了很多，但是亏损却越来越大，最终公司倒闭。

有的企业虽然没有出现亏损，但是因为资本结构没有安排好或理财不当，时间没有安排好，导致在某一时段内企业的资金流出量大于资金流入量，从而导致企业没钱支付到期的债务，给自己带来一定的财务风险。这种风险对企业的盈利能力没有太大的影响，却让企业的支付信用出现了危机。企业需尽量通过合理分配资金规避风险。

2. 企业自有资金经济效益不稳定产生的风险

当企业筹资资金增加时，其需要支付的利息也相应地增加，这导致企业的财务费用增加。有的企业在筹资前资金的利润率就不高，借款的利息率又过高，甚至超过了该企业税息前的资金利润率，这让企业的盈利能力更低，甚至会出现亏损，给企业带来一定的风险。

为了减少企业筹资中可能出现的风险，各企业在筹资中要采取以下措施进行预防：

1. 确定合理的财务结构

对企业自己的债务和资金要有一个清楚的认识，根据企业不同时期，制定一个合理的债务与自有资金、短期资金与长期资金的比例。通过这个比例来确定需要筹资的资金，以及偿还的时间及利息，保证企业资金需求量与筹集量的平衡。

2. 选择正确的筹资时机

因为利率是随时变化的，所以企业在筹资时要考虑时机的选择，尽量选择利率低的时候筹资，并且尽量选择固定利率的计息方式，这样可以减少资金的成本。当利率较高时，尽量不筹资，如果必须筹资那尽量选择浮动利率的计息方式，来降低资金成本，进而规避企业的财务风险。

3. 采取不同的渠道进行筹资

如果企业筹资过于依赖一种渠道，那么万一遇到特殊情况将会给企业带来一些风险。为了分散企业的筹资风险，筹资时最好采取多几个渠道，进行多元化的筹资，这样不仅能降低筹资的风险，还能降低资金的成本。

4. 建立内部财务监管机制

面对复杂多变的经济环境，只有建立一套完整的财务监管机制，配备高素质的财务人员，才能有效预防财务风险的产生。

第三节　企业在投资中存在的风险及预防措施

企业在经营过程中，为了增加企业的盈利能力，可能会进行一些投资活动，有时因扩张或战略转型的需要，也会涉及一些投资活动。合理的投资会增加企业的利润，但是有的投资也可能让企业遭受损失，这种投资收益的不确定性就是投资风险。

因为投资风险的存在，所以企业在投资过程中要对这种风险有所管理，尽量降低投资的风险，增加企业的盈利能力。

企业的投资风险有多种表示，总结起来主要有以下几种：

1. 经营风险

如果所投资的企业经营得很好，那么投资后肯定会获得相应的收益；但是如果投资的企业经营得不好，根本没有获得收益，或者没有达到预期的收益，那么进行投资的企业就没有获得收益。这种收益的不确定性就是投资风险。

这种投资风险主要来自企业的外部风险和内部风险，在本章第一节已经介绍过，这里就不再叙述。企业在进行投资时，一定要综合考虑，

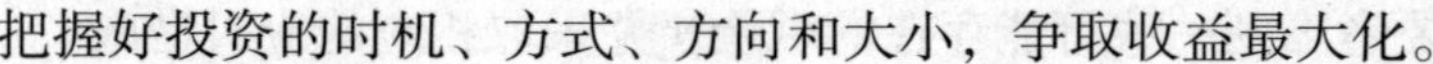

把握好投资的时机、方式、方向和大小，争取收益最大化。

2. 财务风险

我国企业在投资时主要依赖银行贷款，这种资金来源太过单一，导致企业的财务结构非常不合理，本身就存在很大的风险。如果投资后才发现原来预想的生产能力根本没有达到设计的水平，那么当初制定的还款计划可能就无法实现了，这时企业的资金周转和运行都会受到影响，企业的投资也面临严重的危机，如果处理不好就会有破产的可能。

3. 市场风险

通常市场风险很难预测，企业自身也无法控制，市场风险的存在导致投资结果无法预测。2018 年，某养猪企业向银行贷款用来扩大养殖规模，只是不久后就遭遇了非洲猪瘟，损失惨重，最后连利息都还不上，只得申请破产。

面对投资中的这些风险，我们应该采取什么样的预防措施呢？

1. 树立风险意识，建立投资风险管理机制

企业在投资前就应该有风险意识，并建立一个有效的投资风险管理机制，对投资的项目进行全面的管理，做到事前进行风险评估，降低损失的概率，事中、事后根据各项指标进行严格监控，减少实际发生的损失，并将这三者有机结合起来，保证投资的收益。

2. 投资前对投资环境进行必要的评估

现在投资环境越来越复杂多变，可谓瞬息万变，之前的一些成功经验可能已经无法适应当前的环境，所以企业在投资时不能只依赖于过去的经验，还要对现阶段的投资环境进行分析，根据最新的市场变化和消费者的需求，做出科学的决策，减少因盲目投资带来的财务风险。

3. 采取多元化投资

不管是投资还是筹资，方式过于单一和集中都不好，都会给企业带来风险。为了降低企业的投资风险，尽量采取多元化的投资，将资金分散出去。在投资时，企业要根据所投的项目，结合投资的目的，对投资的方向和方式进行灵活的组合，从而保证收益的最大化。在做出投资决

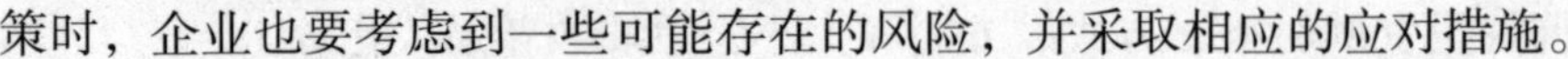

策时，企业也要考虑到一些可能存在的风险，并采取相应的应对措施。

4. 提高企业投资管理水平

为了确保企业投资的收益，有必要建立一个高效并具有投资决策能力的投资团队。这个投资团队懂管理、善经营，让这样一支专业的队伍去投资，能增加企业投资决策的正确性和科学性，也有利于预防企业投资风险，增强企业的盈利能力。

在一个经济全球化的市场中，一家企业想要长久发展下去，不仅要能及时抓住机会，还要能规避各种风险，其中就包括预防和控制投资风险，这样才能降低企业的风险，保证企业的长久发展。

第四节 经营风险及预防措施

企业在整个经营活动中，因为供、产、销每个环节都存在很大的不确定性，这些不确定性都影响着企业的经营成果，这就是企业的经营风险。经营风险伴随着企业生产经营的全部过程，所以必须予以重视，对经营风险的管理是企业财务管理的一项重要工作。

跟财务有关的经营风险主要来自以下几个方面：

一、采购风险

企业的生产离不开采购，采购过程中存在很多风险，比如价格上涨，不能按时交货等。这些风险的存在导致与预期的采购目标出现偏差，这就是采购风险。采购风险根据来源可以概括为以下几类：

1. 供应商带来的风险

供应商和采购企业是存在利益冲突的，供应商为了自己的利益想要将价格提上去，而采购企业则想办法将价格压下去，二者始终不断斗争，再加上市场供需关系的变化，就会造成产品价格的不确定性。再加上有的供应商为了保证自己的利润，可能会降低质量标准，影响采购企业的

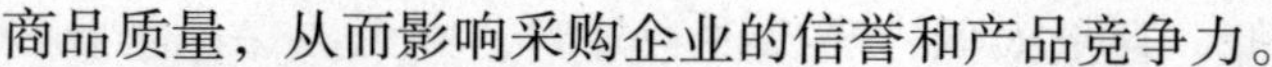

商品质量，从而影响采购企业的信誉和产品竞争力。

2. 采购人员带来的风险

采购是一项综合性的工作，不仅要求采购人员具有专业的知识，还要具有谈判能力、交际能力、辨别能力，更要有责任心和职业道德，这样才能保证采购企业用最少的钱买到所需要的产品。有的采购人员为了自己的利益，可能出现权力寻租行为，给企业带来一定的风险。

3. 企业采购管理不当带来的风险

有的企业对采购没有重视起来，也没有建立相应的规章制度，导致采购人员对市场反应迟钝，对市场行情也了解不全面，这样就有用较高价格采购的风险。

有的企业管理者觉得采购这一块应该用跟自己亲近的人，这样可以杜绝采购人员吃回扣的现象，即使有也是“肥水不流外人田”。大多情况下，这种任人唯亲的做法会给企业带来很大的风险。

企业想要规避这样的风险，可以采取一些相应的措施加以预防，比如建立健全的采购组织；建立科学的采购机制；建立标准的采购流程；建立供应商选择和管理制度。

二、存货风险

对企业来说，不管是原材料、包装物还是库存商品，一定的库存还是非常有必要的。不过库存量的多少有一个合理的界限，太多或者太少都会给企业带来风险。存货的风险主要有以下几种：

1. 库存成本

库存的存在，会增加企业持有、储存和保管的费用，有的企业还要支付一大笔防火防盗的保险费用，这些费用减少了企业的投资机会。大量的库存需要的存储空间也大，并且还有损坏、损耗的风险。

2. 存量风险

如果企业库存存量太大，会占用大量的资金，这无疑增加了企业持有成本，也降低了企业的投资机会，所以一些公司发现库存过大时，会采取一些力度很大的促销措施减少库存，并且给竞争对手以打击。但是企业的库存也不能太低，存量太低，当出现意外时，则无法保证企业经营的正常进行，这样也会给企业带来损失。

企业应该根据自身行业的特点和自身的实际情况，对存量有一个清醒的认识，并做出合理的规划。

对企业来说，库存管理水平的高低很重要，企业库存管理得好能减轻企业资金周转的问题。为了避免存货风险，企业应该重视库存管理，不要将存库管理简单看作仓储管理，真正的存货管理会根据企业的销售情况，对未来销量有一个预测，从而预算需要采购多少原材料，做出合理的规划。

有的企业为了追求“零库存”，盲目压缩库存，虽然库存成本降低了，但是运输成本和采购成本却增加了，正确的做法是在运输成本和库存成本之间找到平衡，适当保留一些库存。

三、合同风险

现在买卖都要签订供求合同，一些企业因为风险意识不够，或者法律法规不是很清楚，没有意识到合同中潜在的风险，最后给自己企业带来很大的损失。常见的合同风险主要有以下几种：

1. 合同内容不全带来的风险

通常合同由合同条款和附属文件组成，合同条款包括当事人的名称或姓名和住所，标的，数量，质量，价款或者报酬，履行期限、地点和方式，违约责任及解决争议的方法。

其中当事人是合同的主体，这个必须有，如果没有这一项将无法确定权利和义务的享受和承担者；标的是合同成立的必要条件，必须要规定得清楚明白，比如说要写清楚型号、规则、等级等；数量是合同的一个重要条款，对于有形资产、无形资产、劳务等都有相应的规定；很多合同的纠纷就是因为质量问题引起的，所以签订合同时一定要写仔细；企业为了确保能及时足额地回款，一定要在合同中将价格和支付方式标注清楚；此外，为了维护自身的合法权益，要在合同中规定好各自履行合同的期限、地点和方式；另外，规定好万一出现违约时需要承担的责

任，这样才能减少财务风险。

2. 合同用词不严谨带来的风险

制定合同时要反复斟酌，做到用词准确，不要在合同中使用模棱两可或有歧义的语句，以免被对方所用，另外，尽量请法律专业人士制定合同，这样能规避一些风险。

3. 注意防范合同履行中的风险

合同签订以后，就具有了法律效力，企业要关注合同的履行情况。有的合同可能需要很长时间，这期间可能会出现一些意外情况，所以企业也要管理好履行中的合同，以防因没有及时履行给企业带来风险。

企业经营中的风险无处不在，企业管理者应利用科学管理方法进行管理，同时提高员工的工作能力和职业素养，这样才能有效预防和杜绝一些风险，让企业长存。

第五节　现金流量风险及预防措施

凡客诚品曾经火爆全国，在急速扩张时产品销量并没有如预期那样大幅提升，于是造成了大量库存积压，最后现金流断裂，凡客诚品也差一点倒闭。

类似这样血淋淋的例子比比皆是，这些失败的案例中无不说明现金流量的重要性，现金流量是决定企业兴衰存亡的一个重要因素。

企业运行得是否健康，其现金流量是关键因素。现金对企业的重要性，就像血液对人一样。如果一家企业在经营中没有充足的现金流，并且融资渠道也不通，收益也不行，那么这样的企业很快就会陷入财务危机，将很难维系。

企业的现金包括库存现金、银行存款和其他货币资金等。现金流量包括现金流入量和现金流出量，通过现金流量表可以看出企业的现金流量情况及一些财务风险。

企业出现亏损不可怕，就像某某商城亏损这么多年也没事，因为它的现金流一直很流畅，但是如果它的现金流出现问题，那么结果就很难说了，所以企业一定要严防现金流量的风险。

企业的现金流量风险主要包括以下几方面：

一、现金净流量的风险

现金净流量是指企业在一定时期内，现金及现金等价物的流入量（收入）减去流出量（支出）后的余额（净流入或净支出）。这一指标反映了该企业一定时期内净增加或净减少的现金及现金等价物数额。

根据企业生产经营活动的不同类型，可以将现金净流量分为三大部分：经营活动现金净流量、投资活动现金净流量、筹资活动现金净流量。分析企业这三部分现金净流量是净流入（用“+”号表示）还是净流出（用“-”号表示），绘制现金净流量状况表（见表6-1），从而判断出企业将要面临什么样的风险。

表6-1 现金净流量状况表

	经营活动现金净流量	投资活动现金净流量	筹资活动现金净流量
1	+	+	+
2	+	+	-
3	+	-	+
4	+	-	-
5	-	+	+
6	-	+	-
7	-	-	+
8	-	-	-

1. 当经营活动、投资活动、筹资活动的现金净流量都是“+”时，说明该企业现在正处在兴盛时期。这时企业不仅经营得很好，还在积极

进行外部融资，扩大经营规模，说明资金的利用率很高。

2. 这种情况中筹资活动的现金流入量是“－”，说明该企业已经进入成熟期。因为经营和投资的现金净流入都是“＋”，所以虽然筹资活动的现金净流量是“－”，但也只是暂时的，对企业的财务状况威胁不大。

3. 当企业投资活动现金净流量为“－”，其余两项均为“＋”时，说明该企业正处于快速发展期，该企业销量大增，资金大量回笼。

4. 当企业只有经营活动现金净流量为“＋”时，说明企业的经营状况良好，但是企业正处于筹钱扩张期。

5. 当企业经营活动现金净流量出现“－”，其余两项均为“＋”时，说明该企业因为扩张过度，企业经营已经出现下滑，如果不及时采取措施，企业将面临重大的财务风险。

6. 当企业只有投资活动现金净流量为“＋”，其余两者都为“－”时，说明该企业目前处于衰退期。

7. 当企业只有筹资活动现金净流量为“＋”，其余两者都为“－”时，说明该企业目前靠筹资来维持日常的经营。

8. 当企业这三项都是“－”时，说明该企业的财务状况已经十分糟糕了，如果再不采取有效措施，企业将面临破产的危险。

二、现金偿债能力风险

偿债能力是指企业偿还到期债务的能力，这点通过现金流量能很好地反映出来。如果企业的现金流好，说明其偿债能力强，如果现金流差，那么该企业偿债能力就弱，这会给企业带来一定的风险。一般从以下两方面去分析企业的现金偿债能力：

1. 现金比率

现金比率就是企业现金余额跟企业流动负债总额的比例，其公式是：

现金比率＝期末现金余额/期末流动负债总额

通常用现金比率来衡量一家企业偿还债务的能力，尤其是偿还短期债务的能力，因为流动负债不同于长期负债，它的期限都很短，如果企业没有一定量的现金储备，那么债务到期后就容易陷入财务困境。

企业的现金比率越高说明该企业的短期偿债能力越强，但现金比率过高对企业来说也不好，因为现金比率过高意味着企业的现金过多，这说明企业资金的流动性差，这降低了企业的获利能力。对企业来说，尽可能多地把现金投入本企业的生产经营活动中，或者其他高收益的投资活动中，这样才能避免资金闲置带来的损失。因此，对企业来说，现金比率又不能过高。

2. 流动现金偿付债务能力率

流动现金偿付债务能力率＝经营活动产生的现金流量/流动债务平均值

流动债务平均值＝（期初流动负债余额＋期末流动负债余额）/2

一般情况用来偿还债务还得依靠经营净现金流量，所以流动现金偿付债务能力率能很好地说明企业偿还短期债务的能力，这个比率越高意味着企业偿债能力越强，不过也不能过高，通常情况下这个比率保持在40%以上就行了。

三、现金支付风险

企业的正常运营离不开员工，少不了跟供应商打交道，所以企业还要留有足够的现金用来支付公司运营过程中的各种费用，比如员工的工资、供应商的货款、各种税款等。如果企业连这些都无法保证，那么就会面临支付上的风险。

企业综合支付能力＝本期经营活动取得的现金收入＋投资活动获得的现金收入－偿还债务的现金支出－经营活动的各项支出

如果该企业的综合支付能力为“－”，说明该企业当期的经营现金收入不足以应付企业的日常开支，如果这种状况得不到改善，那么该企业将面临支付风险。

对于企业现金流量的问题，企业应该怎么改善呢?

1. 对资产进行有效管理，尽量减少不必要的现金占用，比如加强固定资产的利用，尽量减少浪费，从而增加现金流量。

2. 对企业必要的现金支付要合理安排，比如税款的缴纳时间、供应商的付款时间等，都要提前做好规划。

3. 对应收货款企业应采取积极的措施加速回收，尽量缩短现金流入企业的时间，延长现金流出企业的时间，这样有利于改善企业的现金流量。

4. 尽量做到现金流量同步，让现金的流入和流出时间保持一致，这样将现金的持有量降到最低。

5. 加强企业现金收支的内部管理，保证企业现金的安全。

6. 根据过去的经验和现在的实际情况，编制现金预算表，这样提前预算出该企业所需要的现金持有量，然后规定企业现金持有量的上限和下限，根据这个限制控制现金数量，这能有效预防企业现金流量的风险。

第二部分

企业税务实操

第七章　那些你必须知道的税法基础知识

第一节　税收的基本含义

伴随着国家的产生，税收也随之而来，因为国家想要实现其职能必须要有一定的财政，而税收是国家公共财政最主要的收入形式和来源。

税收也叫税赋、税金等，是国家（政府）为实现其职能，依靠其政治权力，根据一定的标准，强制、无偿地获得财政收入的一种形式。它具有强制性、无偿性和固定性。

税收的强制性是指税收凭借国家政权力量，通过颁布法律或政令进行强制征收，任何负有纳税义务的单位和个人都必须遵守，否则就要受到法律制裁。正是因为税收的这种特性，才让它成为国家财政收入的一种最普遍、最可靠的形式。

税收的无偿性是指国家在向纳税人征税的过程中，并不向纳税人支付任何报酬或代价。对具体的纳税人来说，其纳税后并没有获得任何报酬，所以是无偿的。

税收的固定性是指税收是按照国家法律规定的标准征收的，其征收对象、税率、计价方法等都是按照国家法律法规规定的固定比例或者数额征收，不能随意更改。

税收的这三个特征是统一的整体，其中强制性为税收无偿征收提供了保证，而无偿性又是税收本质的体现，固定性则是强制性和无偿性的必然要求。税收的这三个特征体现了税收的权威性，税收与其他财政收入的区别如表 7－1 所示。

表 7－1　税收与其他财政收入形式的区别

财政收入形式	与税收的区别
税收	具有强制性、无偿性和固定性
利润上缴	只具有无偿性，不具有强制性和固定性
财政发行（发行纸币）	具有强制性和无偿性，无固定性
国家信用（发行公债、向国外借款）	信用是自愿的、有偿的，并且是不固定的
罚款和没收	罚款和没收是一次性和不连续的

税收的基本职能主要有以下几种：

1. 组织国家财政收入是税收最基本的职能，国家通过公共权力，参与社会分配。

2. 国家通过参与社会分配，对社会经济结构产生影响，从而有目的地调节社会经济结构。

3. 国家在征税过程中，及时了解纳税人的实际情况，从而发现问题，监督纳税人依法纳税，从而监督社会经济活动方向，进而维护社会生活秩序。

国家通过税收促进公平竞争，保持国家经济的稳定，通过合理利用税收政策可以对一些产业结构进行调整，促进共同富裕。

第二节　税法的七大要素

为了保证税收的顺利执行，国家规定了各种税收法规，总称为税法。税法是税收机关征税和纳税人纳税的法律依据。我国主要的税收法规是由全国人民代表大会审议通过，公布实施；各税条例（草案）和征收办法，则由国务会议审议通过，公布施行；税法实施细则，是由财政部根据税收基本法规做出解释和详细规定；地方各税的征免和各税具体稽征管理制度，通常由省级人大常委会或省级人民政府规定。

构成税法的七大要素是：纳税人、征税对象、税率、纳税环节、纳税期限、减免税和违章处理。

一、纳税人

纳税人是纳税义务人的简称，是税法规定的负有纳税义务的单位和个人，也被称为纳税主体，通常有自然人和法人两种形式。

实际纳税过程中注意以下两点：

1. 纳税人不等于负税人。纳税人是纳税的法律主体，而负税人是税款的实际承担者，在税负不能转嫁的条件下，负税人就是纳税人，例如个人所得税；在税负可以转移的条件下，负税人不是纳税人，例如一些流转税的税款虽然是由纳税人缴纳，但实际却是由最终的消费者承担。

2. 纳税人不等于扣缴义务人。扣缴义务人是指法律法规规定的具有代扣税款并缴纳税款义务的单位和个人，例如个人所得税的纳税人是所得人，扣缴义务人却是支付所得的单位和个人。

二、征税对象

征税对象也叫课税对象，也就是征税的标的物，例如消费税的征税对象就是消费品，车船税的征税对象就是车船等。

征税对象是区分不同税种的主要标志。根据征税对象不同，目前我国的税种共分 18 种，分别是：增值税、消费税、企业所得税、个人所得税、资源税、城市维护建设税及教育附加税、房产税、印花税、城镇土地使用税、土地增值税、车船税、船舶吨税、车辆购置税、关税、耕地占用税、契税、烟叶税、环保税。

三、税率

税率是指应纳税额与征税对象之间的比例，是计算应纳税额的尺度，通过税率可以看出税负的高低。我国现在实行的税率有以下三种：

1. 比例税率，是指不论征税对象数额的多少，只按一个固定的比例进行征税，例如我国现行的增值税、消费税都是这种税率。

2. 累进税率，是指根据征税对象数额的多少，分成不同的比例进行征税，通常征税对象的数额越大，税率也越高，例如个人所得税就是这种税率。

3. 定额税率，是指根据征税对象的计量单位直接规定一定的征税数额。征税对象的计量单位可以是重量、数量、面积、体积等自然单位，也可以是特殊规定的复合单位，例如资源税中的天然气就是以立方米为计量单位。

四、纳税环节

纳税环节是指征税对象在从生产到销售的流转过程中，根据税法规定应该纳税的环节。商品从生产到消费一般要经过产制、批发和零售多个环节，每个环节都存在销售额，都可能成为纳税环节，但是国家会根据需要规定不同的纳税环节。

五、纳税期限

纳税期限就是税法规定的纳税人向国家缴纳税款的法定期限。每个税种的纳税期限都不相同，目前我国现行的纳税期限分为按期纳税、按次纳税和按年计征，分期预缴或缴纳。

六、减免税

减免税，是指税法对某些征税对象减少或免除某些税负的规定。减税是从应纳税额中减征一部分税款；免税是免征全部应纳税款。

这里需要注意，减免税与税法中规定的起征点不同，也与税法规定的免征额不同。免征额是无论征税对象的数额多少，免征部分都不征税，只有超出部分才征税；而起征点，当征税对象数额没有达到起征点时不征税，但是如果一旦数额超过起征点就要全部征税。

例如某人取得年收入 13 万元，如果个税起征点是 12 万元，那么他就要全额缴税；如果国家出台免征额是 12 万元，那么他就只缴纳（13 – 12）1 万元的税。

七、违章处理

违章处理就是对那些违反法律法规的纳税人所采取的处罚措施。

第三节 税务登记那些事

税务登记是税务机关根据相关的法律法规，对纳税人的生产经营活动进行登记管理的一项法定制度，也是纳税人开始纳税义务的法定手续，可以说税务登记是整个税收管理的起点，从有税务登记开始，纳税人就有了纳税的义务。税务机关通过纳税人的税务登记情况，了解纳税人的一些基本情况，从而监督管理纳税人。

税务登记管理包括：开业登记，变更税务登记，停业、复业登记，注销登记，外出经营报验登记，税务登记证等。

一、开业登记

开业登记是指税务机关根据税法法规，对经市场监督管理部门批准新开业的纳税人，开始生产经营活动进行的登记管理。

从 2016 年 10 月开始，我国已经开始推行“五证合一、一照一码”的登记制度，即由原来五个部门分别核发的证件改为一次申请，由市场监督管理部门统一核发营业执照。不过这个营业执照是以前营业执照、组织机构代码、税务登记证、统计登记证及社会保险登记证五个证件的合体，并且上面还有一个统一的“登记码”。

企业在领取营业执照时，相当于同时办理了税务登记证，企业应该在领取营业执照之日起 15 日内将相关涉税信息，例如财务负责人信息、核算方式、会计制度等报送主管税务机关，在开立存款账户之日起 15 日内，应向当地主管税务机关报送银行账号。

税务机关根据企业报送的材料确定纳税人适用的税种、税目、税率、报缴税款的期限、征收方式和缴库方式等，这样就完成了新企业的税务登记。如果纳税人的基础信息发生变化或出现新的税种需要申报，应及时向税务机关申报变更或进行新税种的登记，税务机关审核后进行相应的维护。目前这些都可以在网上进行，非常方便快捷。

二、变更税务登记

变更税务登记是指纳税人税务登记内容发生以下变化时，向税务机关申报办理的一种税务登记手续。

1. 单位名称发生改变；
2. 法定代表人发生改变；
3. 住所和经营地点（不涉及主管税务机关变动的）发生改变；
4. 生产经营范围发生改变；
5. 注册资本发生改变；
6. 银行账号发生改变；
7. 核算形式、投资方发生改变；
8. 分支机构负责人发生改变；
9. 其他税务登记内容发生改变。

纳税人税务登记项目发生变更后，30 日内需做变更税务登记，有的变更可以直接在网上填报相应的表单，有的需要携带相关资料到税务机关进行办理。具体怎么办理可以先到当地的“网上办税服务厅”查询，了解清楚后再进行办理。

三、停业、复业登记

实行定期定额征收方式的个体工商户在暂停和恢复生产经营活动时，需要办理停业、复业登记，查账征收的纳税人，无须办理。因为查账征收的纳税人如果没有营业额，只需要零申报就行了。

需要停业的纳税人，应当在停业前（一般为 1 个星期）向当地税务机关申报办理停业登记，纳税人的停业期限最长不得超过 1 年。

纳税人在办理停业登记时，应填写“停业、复业报告书”，并说明停业理由、停业期限及停业前的纳税情况和发票的领、用、存情况，并结清应纳税款、滞纳金、罚款，税务机关会将纳税人的发票领购簿、剩余的发票等有关税务证件收取上去。

当纳税人在恢复生产经营之前，应向税务机关申报办理复业登记，除了如实填写“停业、复业报告书”，还要领回并启用之前被税务机关收取的东西。

四、注销税务登记

如果纳税人发生以下几种情况需要终止纳税义务，可以申请注销税务登记。

1. 纳税人发生解散、破产、撤销以及其他情形，可持相关证件向原税务登记机关申报办理注销税务登记。

2. 根据有关规定，纳税人如果不需要在市场监督管理部门或者其他机关办理注册登记的，应该在有关机关批准或者宣告终止之日起 15 日内，携带相关证件到原税务登记机关申报办理注销税务登记。

3. 因住所、经营地点发生变动，导致对应税务登记机关也发生变化的，纳税人应当持相关证件向原税务登记机关申报办理注销税务登记，并在 30 日内向迁达地税务机关申报办理税务登记。

4. 被市场监督管理机关吊销营业执照或者被其他机关予以撤销登记的纳税人，应当在营业执照被吊销或者被撤销登记之日起 15 日内，向原税务登记机关申报办理注销税务登记。

5. 境外企业在中国境内承包建筑、安装、装配、勘探工程和提供劳务的，在项目完成、离开中国前 15 日内，去原税务机关办理注销税务登记手续。

纳税人在办理注销税务登记前，应将税款、滞纳金和罚款，并将发票、相关税务证件上缴，经税务机关核准后，方可办理注销税务登记手续。

为了优化企业税务注销程序，2018 年国家税务总局发布了《关于进一步优化办理企业税务注销程序的通知》，简化纳税人税务注销的资料和流程，具体政策如下：

1. 向市场监督部门申请简易注销的纳税人，如果没有办理过涉税事宜或虽然办理过涉税事宜但没领过发票，没欠税，也没罚款的，可以不用到税务机关办理清税证明，直接登录电子税务局，网上申请办理注销登记。

2. 对于一般注销的纳税人，如果不是处于税务检查状态、无欠税（滞纳金）及罚款、已缴销增值税专用发票及税控专用设备，且符合相关条件的纳税人，可享受优化即时办结服务。

3. 对已实行实名办税的纳税人，可以不提供税务登记证件和个人身份证件。

五、外出经营报验登记

纳税人如果到外县（市）临时从事生产经营活动的，应当在外出生产经营以前，持相关证件到主管税务机关申请开具“外出经营活动税收管理证明”（简称“外管证”），这就是外出经营报验登记。

“外管证”实行的是一地一证原则，有效期限一般为 30 日，最长不得超过 180 天，不过建筑安装行业如果合同期限超过 180 天，则按合同期限确定有效期限。

纳税人应当在“外管证”签发 30 日内，到经营地税务机关报验登记，并接受经营地税务机关的管理。

纳税人外出经营活动结束后，应当向经营地税务机关填报“外出经营活动情况申报表”，并结清税款、缴销未用发票。

纳税人要在“外管证”有效期届满后 10 日内，持“外管证”回原税务登记地税务机关办理“外管证”缴销手续。

第四节　作为一名纳税人，都有什么权利和义务

作为一名纳税人，必须要明确自己在纳税的时候享有什么权利以及需要履行哪些义务，这样才能选择对自己最有利的方式，并且还不违反

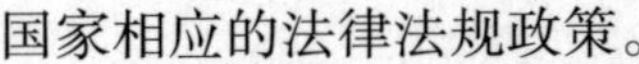

国家相应的法律法规政策。

根据国家税务总局发布的《关于纳税人权利与义务的公告》，纳税人在履行纳税义务过程中依法享有以下的权利：

一、知情权

作为一名纳税人，如果对相应税收法律、行政法规及纳税流程等不是很了解，有权向税务机关进行咨询。例如，纳税人要办理税务登记变更手续，但不知道怎么办，可以到当地税务网站、打“12366”纳税服务热线或当地税务局电话以及到当地税务机关咨询怎么办理，需要准备什么材料，去哪里办理。

这里的知情权主要包括：税收政策、涉税程序、应纳税额的核定及其他税务行政处理决定及法律救济途径知情权等。

二、保密权

对于纳税人的商业秘密和个人隐私，税务机关将依法进行保密。需要保密的内容包括：纳税人的技术信息、经营信息和纳税人及主要投资人以及经营者不愿公开的一些个人事项。

对于需要保密的内容，如果没有法律、行政法规明确规定或者纳税人的许可，税务机关不得对外提供，不过税收违法行为不在保密范围内。

如果纳税人发现税务机关人员没有经过允许将自己的商业秘密或个人隐私泄露出去，可以向上一级税务机关投诉并要求赔偿。

三、税收监督权

纳税人如果发现税务机关人员违反了税收法律、行政法规——向纳税人索贿受贿、徇私舞弊、滥用职权多征税款或者故意刁难等，可通过电话、电子邮件、网站等方式进行检举和控告。不过纳税人的检举必须以事实为依据，不得捏造事实、做假证、诬告他人。

税务机关鼓励纳税人采取实名举报或书面举报的方式。

四、纳税申报方式选择权

纳税申报的方式有上门申报、邮寄申报、数据电文申报或其他方式申报，纳税人可自行选择，不过采取邮寄或数据电文申报的，要先经过主管税务机关批准。

五、申请延期申报权

如果纳税人因故，不能按期申报的，可以在规定的期限内向税务机关申请延期，经税务机关核准后，纳税人可在核准的期限内办理。例如2020年因为新冠肺炎疫情的影响，税务总局不仅延长了2月、3月、4月申报纳税的期限，还将在全国范围内将5月的申报期限延长至5月22日，这是不用纳税人申请就能直接享受的。

六、申请延期缴纳税款权

如果纳税人因不可抗拒力，导致发生较大损失或者当期货币资金在扣除职工工资、社保后不足缴纳税款的，可以申请延期缴纳税款，经过省、自治区、直辖市国家税务局、地方税务局批准后，可延期缴纳，不过这个延期最长不得超过3个月。

七、申请退还多缴税款权

如果纳税人不小心多缴了税款，税务机关发现后将在10日内办理退还手续；如果税务机关没发现，纳税人在缴纳税款的3年内发现的，可要求税务机关不仅退还多缴的税款，还要支付银行同期存款利息。税务机关在30日内核实后并办理退还手续。

八、依法享受税收优惠权

对于法律、行政法规规定的减税、免税政策，符合条件的纳税人可申请享受，获得批准后即可享受相应的优惠政策。对于需要备案的税收优惠政策，纳税人应当按照有关政策、法规的规定，及时办理事前或事后备案手续。

九、委托税务代理权

对有关事项，纳税人有权委托税务代理人代为办理。

十、陈述与申辩权

对于税务机关对纳税人所作的决定，纳税人有陈述权和申辩权，如果纳税人有足够的证据证明自己的行为是合法的，则税务机关将不得对纳税人实施行政处罚；如果纳税人的陈述或申辩不充分合理，税务机关要向纳税人解释实施行政处罚的原因，并不会因为纳税人的申辩而加重处罚。

十一、对未出示税务检查证和税务检查通知书的拒绝检查权

纳税人在没有看到税务机关检查人员的税务检查证和税务检查通知书时，有权拒绝税务检查。

十二、税收法律救济权

对于税务机关做出的决定，纳税人具有申请行政复议权、提起行政诉讼、请求国家赔偿等权利。

十三、依法要求听证的权利

如果纳税人对税务机关给予的行政处罚不满，有权要求举行听证，如果纳税人觉得税务机关指定的听证主持人与自己的案子有直接利害关系，还有要求主持人回避的权利。

十四、索取有关税收凭证的权利

税务机关在征收税款时，必须要给纳税人开具完税凭证；税务机关扣押商品、货物或者其他财产时，也必须开付收据；对于查封商品、货物或者其他财产时，也必须开付清单。没有提供相应凭证的，纳税人有权要求必须给予。

在享受一定权利的同时，纳税人肯定要承担一定的义务，纳税人需承担的义务具体如下：

一、依法进行税务登记的义务

纳税人领取营业执照后，应及时办理税务登记，并且如果税务登记的内容发生变化后也要及时办理相关手续。纳税人不得转借、涂改、损毁、买卖或者伪造税务登记证件。

二、依法设置账簿、保管账簿和有关资料以及依法开具、使用、取得和保管发票的义务

纳税人应根据相关法律法规设置并保管账簿，根据有效凭证进行记

账、核算，不得伪造、变造或者擅自损毁相关证件。此外，纳税人在生产、经营活动中应依法开具、使用、取得和保管发票。

三、财务、会计制度和会计核算软件备案的义务

纳税人应该将自己合法的财务、会计制度或者财务、会计处理办法和会计核算软件，及时报送到当地税务机关进行备案。

四、按照规定安装、使用税控装置的义务

纳税人应该根据税收征收管理的需要，正确安装、使用税控装置，不得损毁或者擅自改动。

五、按时、如实申报的义务

纳税人应该依法申报纳税，并如实报送相关纳税资料。

六、按时缴纳税款的义务

纳税人应在法律法规规定的期限内缴纳应纳税款。对于未按期纳税的，税务机关除了限期纳税外，还将加收相应的滞纳金。

七、代扣、代收税款的义务

负有代扣代缴、代收代缴的税款义务人，需要及时履行自己的义务，不得拒绝。

八、接受依法检查的义务

纳税人有义务接受税务机关依法进行的税务检查，并主动积极配合，如实地向税务机关反映自己的生产经营情况和执行财务制度的情况，不得隐瞒和弄虚作假，不能阻挠、刁难税务机关的检查和监督。

九、及时提供信息的义务

如果纳税人税务变动，应该及时将信息报告给税务机关。

十、报告其他涉税信息的义务

税法规定，纳税人还要向税务机关如实报告以下涉税信息，例如关联企业的业务往来，企业的合并、分立、全部的账号等信息。

第五节 账簿、凭证、发票的管理

账簿、凭证和发票体现了企业所有的经济活动，也是税务机关检查的重点，纳税人必须按规定设置并保管。

> 账簿、会计凭证和报表上面的文字应当用中文，但民族自治区可以同时使用当地通用的一种民族文字，外商投资企业或外国企业也可以同时使用一种外国文字。

一、账簿的设置

根据《税收征管法》的规定，从事生产、经营的纳税人在领取营业执照的15日内必须按照国家有关规定设置账簿。这里的账簿是指总账、明细账、日记账及一些其他的辅助性账簿，且日记账必须是订本式的，总账可选择订本式的也可选择活页式的，明细账通常选用活页式。

一般情况下，增值税小规模纳税人需要设置总账、明细账、现金日记账、银行存款日记账等，其他要根据企业实际情况进行选择。

> 登记总账时可根据一级会计科目进行登记，如库存现金、预付账款等，如果业务少，可以将一些科目合并到一账本中登记，每个科目预留出足够的空间就行，每个科目起始页可用标签纸标识出来。

如果企业日常往来比较多，可再增加三栏式明细账，如应付账款账本、应收账款账本；如果费用比较多，可设置多栏式明细账，如管理费用账本、销售费用账本；如果库存商品比较多，可以设置库存商品明细账；如果固定资产比较多，可以设置固定资产明细账或台账。此外，还需要购买一些收据、入库单、出库单、销售单、工资表、差旅费报销单等。

如果企业规模小，没有建账的能力，那么可以让经批准从事会计代理记账业务的机构或财会人员代为自己建账或办理财务。

增值税一般纳税人通常需要设置总账、现金日记账、银行存款日记账（如果有外币，还要购买外币银行存款日记账）、明细分类账（三栏式）、存货明细账、固定资产明细账、多栏式费用账、应收应付账款明细账、应交增值税明细账。

登记账簿时，除了遵守相关法律法规的规定，还要以经过审核的会计凭证为依据，不能随意登记。如果记录时发现书写错误，或出现隔页、缺号、跳行的，应当按照会计制度规定的方法进行更正，并在更正处加盖会计人员和会计机构负责人章。

二、凭证的要求

会计凭证包括原始凭证和记账凭证。

必须要有原始凭证：凭证的名称；填制凭证的日期；填制凭证单位名称或者填制人姓名；经办人员的签名或者盖章；接收凭证单位名称；经济业务内容；数量、单价和金额。

原始凭证中的各项内容都不能涂改，如果发现原始凭证不准确、不完整、有错误，应及时退回出具单位重开或更正、补充，且更正处应当加盖出具单位的印章。如果发现原始凭证的金额有错误，应当马上退回要求出具单位重开。

记账凭证是根据审核过的原始凭证及有关资料编制的，其内容必须具备：填制凭证的日期；凭证编号；经济业务的摘要；会计科目；金额；所附原始凭证张数；填制凭证的人员、稽核人员、记账人员、会计机构负责人、会计主管人员签名或者盖章。

对于收款和付款记账凭证还要有出纳人员的签名或盖章，如果用自制的原始凭证或者原始凭证汇总表来代替记账凭证的，一样也要有记账凭证应有的所有项目，否则就不合法。

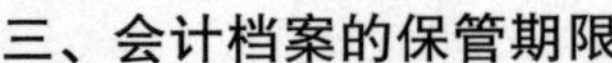

三、会计档案的保管期限

《会计档案保管办法》规定会计档案的保管期限分为永久、定期两类，定期的保管期限一般分为10年和30年，企业会计档案保管期限如表7－2所示：

表7－2　企业会计档案保管期限

序　号	档案名称	保管期限	备　注
一	会计凭证		
1	原始凭证	30年	
2	记账凭证	30年	
二	会计账簿		
3	总账	30年	
4	明细账	30年	
5	日记账	30年	
6	固定资产卡片		固定资产报废清理后保管5年
7	其他辅助性账簿	30年	
三	财务会计报告		
8	月度、季度、半年度财务会计报告	10年	
9	年度财务会计报告	永久	
四	其他会计资料		
10	银行存款余额调节表	10年	
11	银行对账单	10年	
12	纳税申报表	10年	
13	会计档案移交清册	30年	
14	会计档案保管清册	永久	
15	会计档案销毁清册	永久	
16	会计档案鉴定意见书	永久	

四、发票的保管

单位和个人办理税务登记后，可向税务机关申请领购发票，如果是一般纳税人在领购专用发票时，应提供的是增值税一般纳税人的相关证件。现在有的地方可以直接网上申请领购发票，然后快递送到单位，非常方便。

企业或个人领购的发票只能用于领购单位或个人填开，不得转借、转让、代开，并且必须在实现经营收入或发生纳税义务时填开，没有经营业务不许开票。填开发票时，必须在规定的时限内，按照发票号码的顺序去开，各项内容要填写真实、准确，最后加盖企业财务章或发票专用章。

对于发票的保管企业要重视起来，应建立使用登记制。现在大多企业都使用金税盘或税控盘开票，并要求每个月月初“抄税”，等月中申报完成后再进行“清卡”工作。

如果发生了税务登记的变更或注销，纳税人应及时办理发票和发票领购簿的变更或缴销手续。如果纳税人发现发票丢失，应在丢失当时以书面报告的形式向主管税务机关报告，并在报刊或电视等媒体上公开申明作废。

对于已经开具的发票存根联合发票登记簿，应保存 5 年，期满后报经国家税务机关检查后方能销毁。

五、处罚措施

企业或个人要按国家相应的法律法规设置、添置、开具并保管会计账簿、会计凭证及发票，否则就会受到相应的处罚，违法行为如下：

1. 不依法设置会计账簿，或私设会计账簿；
2. 不按规定填制、取得原始凭证或者填制、取得的原始凭证不符合规定；
3. 随意变更会计处理方法；
4. 不按规定保管会计资料，致使会计资料损毁、灭失；
5. 伪造、变造会计凭证、会计账簿，编制虚假财务会计报告；

6. 隐匿或者故意销毁依法应当保存的会计凭证、会计账簿、财务会计报告；

7. 授意、指使、强令会计机构、会计人员及其他人员伪造、变造会计凭证、会计账簿，编制虚假财务会计报告或者隐匿、故意销毁依法应当保存的会计凭证、会计账簿、财务会计报告。

以上行为如果构成犯罪的，将依法追究刑事责任；如果没有构成犯罪的，将由其所在单位或者有关单位依法给予行政处分，有时还会有相应的罚款，所以企业要重视账簿、凭证和发票的管理。

第八章　增值税涉及的一些问题

第一节　什么情况下企业应该缴纳增值税

增值税这个概念是1917年美国经济学家亚当斯提出的，不过直到1954年才由法国的莫里斯·洛雷将其实施。我国在1979年引进并试行了增值税，真正实施增值税制度是1984年。1993年底，我国开始全面推行增值税，经过多次的改革，现在增值税已经成为我国主要税种之一，占据我国全部税收的60%以上。

所谓增值税，也就是说有增值才征税，没有增值就不用征税。当商品（含应税劳务）在流转过程中产生了增值，那么根据这个增值额而征收的税就是增值税。从计税原理来看，增值税其实是对商品在生产、流通、劳务等多个环节的新增价值或商品的附加值而征收的一种流转税，我国增值税是价外税，最终由消费者承担，不过却由销货方缴纳。

企业在经营活动中，哪些行为是需要缴纳增值税的呢？如果弄不清楚，就会导致本应缴纳增值税却没缴纳，那么，不缴纳增值税的后果将会很严重。

增值税的征收范围如表8－1所示。

表8－1　增值税的征收范围

征税范围	项　　目	具体项目
一般范围	销售货物（包括进口），提供加工及修理修配劳务	1. 销售或进口的货物； 2. 提供的加工、修理修配劳务； 3. 销售服务； 4. 销售无形资产； 5. 销售不动产
特殊范围	特殊项目	1. 货物期货（包括商品期货和贵金属期货）； 2. 银行销售金银的业务； 3. 典当业销售死当物品业务和寄售业销售委托人寄售物品的业务； 4. 集邮商品的生产、调拨及邮政部门以外的其他单位和个人销售集邮商品的业务
	特殊行为（视同销售货物的）	1. 将货物交由他人代销； 2. 代他人销售货物； 3. 将货物从一地移送至另一地（同一县市除外）； 4. 将自产或委托加工的货物用于非应税项目； 5. 将自产、委托加工或购买的货物作为对其他单位的投资； 6. 将自产、委托加工或购买的货物分配给股东或投资者； 7. 将自产、委托加工的货物用于职工福利或个人消费； 8. 将自产、委托加工或购买的货物无偿赠送他人

对于一般范围中的“销售”是指有偿转移所有权的行为，包括生产销售、批发销售、零售销售；里面的“货物”是指“有形动产”，包括电力、热力、气体；里面的“销售服务”是指交通运输服务、邮政服务、电信服务、建筑服务、金融服务、现代服务、生活服务7项；里面的“无形资产”包括技术、商标、著作权、商誉、自然资源使用权和其他权益性无形资产（特许经营权、代理权、会员权、肖像权等）。

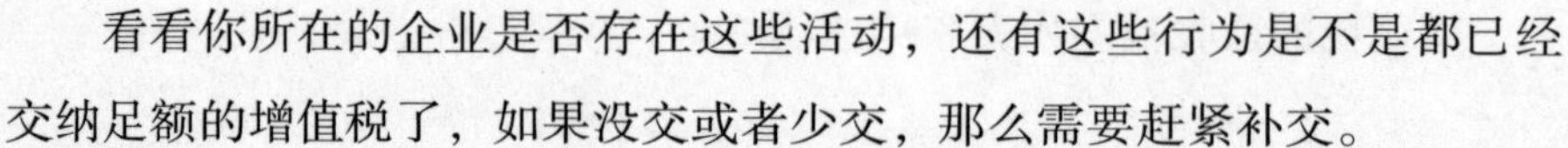

看看你所在的企业是否存在这些活动，还有这些行为是不是都已经交纳足额的增值税了，如果没交或者少交，那么需要赶紧补交。

第二节　小规模纳税人与一般纳税人各有什么优势

虽然我国增值税实际是由消费者承担，但是纳税人却是在我国境内销售货物或提供加工、修理修配劳务，销售服务、无形资产、不动产，以及进口货物的单位和个人。

根据纳税人经营规模的大小及会计核算是否健全，可将增值税纳税人分为一般纳税人和小规模纳税人。小规模纳税人，就是年应税销售额没有超过财政部、国家税务总局规定的小规模纳税人标准的单位和个人，如果超过了就应当向主管税务机关办理一般纳税人登记。

不过有的小规模纳税人虽然年应税销售额没有超过规定的标准，但是如果会计核算健全，能够提供准确的税务资料，有需要也可向主管税务机关提出办理一般纳税人登记。

需要办理一般纳税人的企业，可以向主管税务机关填报“增值税一般纳税人登记表”（附件 1，如表8－3所示），如实填写里面的内容，并提供税务登记证件，如果纳税人填报的内容与税务登记信息一致，那么当场就能登记，如果内容不一致，那么补正后予以登记。

纳税人在一般纳税人生效之日（纳税人办理登记的当月 1 日或者次月 1 日，由纳税人在办理登记手续时自行选取）起，就要按照增值税一般计税方法计算应纳税额，并按照规定领用增值税专用发票（财政部、国家税务总局另有规定的除外）。

纳税人选择登记为一般纳税人后，除了国家税务总局另有规定的除外，其余都不得再转为小规模纳税人，针对小规模纳税人的优惠政策也不能享受。

> 根据《国家税务总局关于增值税小规模纳税人地方税种和相关附加减征政策有关征管问题的公告》，增值税小规模纳税人按规定登记为一般纳税人的，自一般纳税人生效之日起不再适用减征优惠。增值税年应税销售额超过小规模纳税人标准应当登记为一般纳税人而未登记，经税务机关通知，逾期仍不办理登记的，自逾期次月起不再适用减征优惠。

这个增值税小规模纳税人的标准到底是多少呢？之前因为所处行业不同，年应税销售额有不同的要求，但是国家为了进一步支持中小微企业，从2018 年 5 月 1 日起，对增值税小规模纳税人的认定标准做了统一规定，就是年应税销售额 500 万元及以下。

这里的年应税销售额，是指纳税人在连续不超过 12 个月或四个季度的经营期内累计应征增值税销售额，除了纳税申报的销售额，还包括稽查查补销售额和纳税评估调整的销售额。

不过，如果是纳税人偶然发生的销售无形资产，或者转让不动产的销售额，将不计入年应税销售额的 500 万元中，有这个行为的纳税人要注意。

例如，某小规模纳税人 2019 年年应税销售额是 550 万元，其中包括2019 年 10 月发生的 100 万元偶然转让无形资产的销售额，那么 2020 年该企业还继续是小规模纳税人，不会强制被转让为一般纳税人。

如果年应税销售额没有达到一般纳税人的标准，那么企业应该选择继续当小规模纳税人还是变成一般纳税人呢？这个要根据企业的实际情况来决定，在决定前我们还是先来看看一般纳税人和小规模纳税人都有哪些区别，如表8－2所示。

表8－2　一般纳税人与小规模纳税人的区别

项目	一般纳税人	小规模纳税人
税率（或征收率）	税率有13%、9%、6%、0四档	征收率3%，特殊行业5%
账务处理	只将价款部分计入成本，税款部分记入“应交税费—应交增值税—进项税额”账户	全部价款都计入成本
应纳税金计算	销量税额－进项税额的差额部分	销售额/（1＋征收率）×征收率
税收优惠	优惠政策少	一般都会有一些税收优惠政策
申报方式	按月申报	按月申报或按季申报

从上面的比较可以看出，二者在很多地方都不一样，不过相对来说，国家对小规模纳税人的扶持力度更大一些，一些税收优惠政策也大多是针对小规模纳税人的，如果纳税人不是有特别需求，比如发展的需要，大多是从一般纳税人那里进货，或者销货的单位很多都需要增值税抵扣，一般最好还是保持小规模纳税人的身份会更好。

另外，国家税务总局2020年4月23日发布《关于明确二手车经销等若干增值税征管问题的公告》（国家税务总局公告2020年第9号），国家为了让更多的纳税人能充分享受到税收优惠政策，公告规定从公告发布之日起年销售额没超过500万元的一般纳税人，可以在2020年底前选择转登记为小规模纳税人，转登记后的企业就能享受增值税小规模纳税人相应的增值税优惠政策。

附件1：

表8－3　增值税一般纳税人登记表

<table>
<tr><td>纳税人名称</td><td colspan="2"></td><td>社会信用代码
（纳税人识别号）</td><td colspan="2"></td></tr>
<tr><td>法定代表人
（负责人、业主）</td><td></td><td>证件名称及号码</td><td></td><td>联系电话</td><td></td></tr>
<tr><td>财务负责人</td><td></td><td>证件名称及号码</td><td></td><td>联系电话</td><td></td></tr>
<tr><td>办税人员</td><td></td><td>证件名称及号码</td><td></td><td>联系电话</td><td></td></tr>
<tr><td>税务登记日期</td><td colspan="5"></td></tr>
<tr><td>生产经营地址</td><td colspan="5"></td></tr>
<tr><td>注册地址</td><td colspan="5"></td></tr>
<tr><td colspan="6">纳税人类别：企业□　　非企业性单位□　　个体工商户□　　其他□</td></tr>
<tr><td colspan="6">主营业务类别：工业□　　商业□　　服务业□　　其他□</td></tr>
<tr><td colspan="6">会计核算健全：是□</td></tr>
<tr><td colspan="6">一般纳税人生效之日：当月1日□　　　　次月1日□</td></tr>
<tr><td colspan="6">纳税人（代理人）承诺：
会计核算健全，能够提供准确税务资料，上述各项内容真实、可靠、完整。如有虚假，愿意承担相关法律责任。

经办人：　　　　法定代表人：　　　　代理人：　　　　（签章）

年　　月　　日</td></tr>
<tr><td colspan="6">以下由税务机关填写</td></tr>
<tr><td>税务机关受理情况</td><td colspan="5">受理人：　　　　　　　　受理税务机关（章）

年　　月　　日</td></tr>
</table>

填表说明：1. 本表由纳税人如实填写。

2. 表中"证件名称及号码"相关栏次，根据纳税人的法定代表人、财务负责人、办税人员的居民身份证、护照等有效身份证件及号码填写。

3. 表中"一般纳税人生效之日"由纳税人自行勾选。

4. 本表一式两份，主管税务机关和纳税人各留存一份。

第三节　增值税的税率和征收率是怎么回事

税率是对征税对象的征收比例或征收额度，是税法的构成要素之一。通过税率，我们可以计算出所缴税额的多少，也能了解企业税负的轻重。我国现行的税率主要有四种：比例税率（如增值税）、超额累进税率（如个人所得税）、超率累进税率（如土地增值税）、定额税率（如车船使用税）。

增值税的税率，只是针对一般纳税人而言的，因为小规模纳税人的财务制度不健全，不能提供税法规定的资料，只能由税务机关核定征收，所以没有税率，只有征收率，我们根据这个征收率来计算应纳税额。

我国增值税的税率几经改变，从 2019 年 4 月 1 日起增值税税率一共有 13%、9%、6% 三档和零税率；增值税小规模纳税人的征收率为 3% 和 5%，具体内容如表 8－4 和表 8－5 所示：

表 8-4　适用一般纳税人的税率表

税率	项目明细	备注
13%	销售或进口货物（另有列举的货物除外）	
	销售劳务	
	有形动产租赁服务	
9%	不动产租赁服务	
	交通运输服务	
	销售不动产	
	建筑服务	
	转让土地使用权	
	邮政服务	
	基础电信服务	
	粮食等农产品、食用植物油、食用盐	另有列举的货物
	自来水、暖气、冷气、热水、煤气、石油液化气、天然气、二甲醚、沼气、居民用煤炭制品	
	图书、报纸、杂志、音像制品、电子出版物	
	饲料、化肥、农药、农机、农膜	
	国务院规定的其他货物	
6%	销售无形资产	
	增值电信服务	
	金融服务	
	现代服务	
	生活服务	
零税率	出口货物（国务院另有规定的除外）	境内的单位和个人销售适用增值税零税率的服务或无形资产的，可以放弃零税率，选择免税或按规定缴纳增值税。不过放弃零税率后，36 个月内不得再申请适用增值税零税率
	境内单位和个人跨境销售国务院规定范围内的服务、无形资产	
免税	销售货物、劳务，提供的跨境应税行为，符合免税条件的	

表 8－5　小规模纳税人及允许适用简易计税方式计税的一般纳税人征收率表

征收率	项目明细	备注
3%	小规模纳税人销售货物或提供加工、修理修配劳务，销售应税服务、无形资产	
	一般纳税人发生按规定适用或可以选择适用简易计税方法计税的特定应税行为，但适用5%征收率的除外	
	小规模纳税人（不含其他个人）以及符合规定情形的一般纳税人销售自己适用过的固定资产	3%减按2%征收，应纳增值税 = 车辆售价/（1 + 2%）×2%
	纳税人销售旧货	
	从2020年5月1日起至2023年12月31日，从事二手车经销的纳税人销售其收购的二手车	3%减按0.5%征收，应纳增值税 = 车辆售价/（1 + 0.5%）×0.5%
5%	销售不动产	
	符合条件的经营租赁不动产（土地使用权）	
	转让营改增前取得的土地使用权	
	房地产开发企业销售、出租自行开发的房地产老项目	
	符合条件的不动产融资租赁	
	一般纳税人提供的人力资源外包服务	
	选择差额纳税的劳务派遣、安全保护服务	
	个人出租住房	5%减按1.5%征收，应纳增值税 = 租金收入/（1 + 1.5%）×1.5%

第四节　增值税的计算和会计处理

企业在销售商品或提供劳务的时候都会涉及增值税，正确计算增值税是税务人员必备的技能之一。

我国根据纳税人经营规模的大小及会计核算制度健全与否将纳税人

分为小规模纳税人和一般纳税人两类，不同类型的纳税人其计算方法各不相同。

《国家税务总局关于扩大小规模纳税人自行开具增值税专用发票试点范围等事项的公告》（国家税务总局公告2019年第8号）规定，从2019年3月1日起住宿业，鉴证咨询业，建筑业，工业，信息传输、软件和信息技术服务业，租赁和商务服务业，科学研究和技术服务业，居民服务、修理和其他服务业这八个行业的小规模纳税人可以自愿使用增值税发票管理系统自行开具增值税专用发票，并不受月销售额的限制。

一、小规模纳税人增值税的计算及会计处理

一般情况下，小规模纳税人在销售货物或提供劳务时使用的是增值税普通发票。这种发票不能抵扣，如果对方是一般纳税人，想要增值税专用发票用于抵扣，则小规模纳税人可以持相关资料去当地税务部门代开，满足一定条件的小规模纳税人也可以申请自己开具增值税专用发票。对小规模纳税人来说，即便取得增值税专用发票，也不能抵扣，增值税税额也应该计入商品或劳务成本之中。

小规模纳税人增值税的计算公式如下：

应纳税额＝销售额×征收率

销售额＝含税销售额/（1＋征收率）

小规模纳税人采取的是简易办法计算增值税，其适用的税率称为征收率，从2014年开始一律调整为3%。

在购进商品、劳务、服务、无形资产及不动产时，其会计分录如下：

借：库存商品/原材料/固定资产/无形资产等

　　贷：现金/银行存款/应付账款/应付票据等

在销售商品、提供劳务或服务时，其会计分录如下：

借：现金/银行存款/应收账款/应收票据等

　　贷：主营业务收入/其他业务收入

应交税费—应交增值税

缴纳增值税时，其会计分录如下：

借：应交税费—应交增值税

　　贷：银行存款等

当小规模纳税人享受免交增值税优惠时，其会计分录为：

借：应交税费—应交增值税

　　贷：营业外收入

例：A 公司是小规模纳税人，2020 年 1 月购进一批箱包，购进价格是 200 000 元，取得增值税普通发票，发票上注明增值税额为 6 000 元。A 公司 1 月份将该批箱包全部卖出，获得含税收入为 247 200 元，计算 A 企业这一业务涉及的增值税。

该企业这笔业务应缴纳的增值税税额 = 247 200/（1 + 3%）× 3% = 7 200（元）。

这笔业务涉及的会计分录如下：

1. 购进商品时

借：库存商品　　　　206 000

　　贷：银行存款　　　　206 000

2. 销售商品时

借：银行存款　　　　247 200

贷：主营业务收入　　　　　　240 000

　　应交税费——应交增值税　7 200

3. 缴纳增值税时

借：应交税费——应交增值税　　　7 200

　　贷：银行存款　　　　　　　7 200

二、一般纳税人增值税的计算及会计处理

一般纳税人在购进货物时，如果取得了增值税专用发票，认证通过后，发票上面的税额部分是可以抵扣的。以前增值税专用发票认证是有一定期限的，但是根据国家的最新规定，这个认证期限已经取消了。

一般纳税人在销售货物或提供劳务时开具的是增值税专用发票，通常一般纳税人采取的是“购进抵扣税法”，其当期应纳税额计算公式如下：

应纳税额 = 当期销项税额 - 当期准予抵扣的进项税额

当期销项税额 = 不含税销售额 × 适用税率

不含税销售额 = 含税销售额/（1 + 适用税率） × 适用税率

现行一般纳税人的税率有13%、9%、6%、0%等，同一家企业销售的商品不同，其适用的税率也不同，税务人员在开具增值税专用发票前首先要弄明白该

根据《国家税务总局关于取消增值税扣税凭证认证确认期限等增值税征管问题的公告》的规定，从2020年3月1日起取消增值税扣税凭证的认证确认等期限。

增值税一般纳税人取得的2017年1月1日及以后开具的增值税专用发票、海关进口增值税专用缴款书、机动车销售统一发票、收费公路通行费增值税电子普通发票，不再需要在360日内认证确认等，对于已经超期的，也可以自2020年3月1日后，通过本省（自治区、直辖市和计划单列市）增值税发票综合服务平台进行用途确认。

商品或劳务对应的税率，以免开错。

一般纳税人在购进商品、劳务、服务、无形资产及不动产时，如果取得了增值税专用发票，那么其中的增值税部分是可以抵扣的，所以会计分录跟小规模纳税人不同，具体如下：

借：库存商品/原材料/固定资产/无形资产等

　应交税费——应交增值税——进项税额

　贷：银行存款/应付账款/应付票据等

如果发生退货，原来的增值税专用发票已经认证的，则应该到税务机关开具红字发票，并做相反的会计分录；如果没有认证、抵扣、勾选确认等情况接将原发票退回并做相反的会计分录即可。

在销售商品、提供劳务或服务时，其会计分录如下：

借：银行存款/应收账款/应收票据等

　贷：主营业务收入/其他业务收入

　应交税费——应交增值税——销项税额

一般纳税人大多以一个月为纳税期限，缴纳增值税时其会计分录如下：

借：应交税费——应交增值税——已交税金

　贷：银行存款等

例：B 企业是一般纳税人，2020 年 1 月花了 113 000 元购进一批衣服，取得增值税专用发票，进项税额为 13 000 元，当月以 226 000 元的价格将这批衣服全部卖出。B 企业的税率是 13%，计算 B 企业在这一业务中涉及的增值税（假设 B 企业将进货发票进行认证，并于当月抵扣）。

B 企业在这一业务中应缴纳的增值税计算如下：

进项税额 = 13 000（元）

销项税额 = 226 000/（1 + 13%）×13% = 26 000（元）

所以应纳税额 = 26 000 − 13 000 = 13 000（元）

这一业务涉及的会计分录如下：

1. 购进商品时

借：库存商品　　100 000

　　应交税费——应交增值税——进项税额　　13 000

　　贷：银行存款　　113 000

2. 销售商品时

借：银行存款　　226 000

　　贷：主营业务收入　　200 000

　　　　应交税费——应交增值税——销项税额　　26 000

3. 缴纳增值税时

借：应交税费——应交增值税——已交税金　　13 000

　　贷：银行存款　　13 000

第五节　增值税发票新政策及解读

为了深化税务系统“放管服”的改革，方便纳税人开具和使用增值税发票，国家税务部门对原来的增值税发票平台进行了升级，变成了一个增值税发票综合服务平台。纳税人在这个综合服务平台可以享受增值税发票用途的确认、风险提示和信息下载等“一站式”服务。

纳税人取得的增值税专用发票、机动车销售统一发票、收费公路通行费增值税电子普通发票，如果需要办理申报抵扣增值税进项税额或申请出口退税、代办退税的，需要先登录增值税发票综合服务平台确认发票用途。

纳税人可以通过国家税务总局各省（自治区、直辖市和计划单列市）税务局公布的网址登录。登录后，应当根据发票用途确认结果申报抵扣增值税进项税额或申请出口退税、代办退税。

对于已经申报抵扣的发票，如果纳税人想要改为出口退税或代办退税，需要向主管税务机关提出申请，经主管税务机关核实情况后才能调整用途，否则不能随意调整用途。

如果纳税人想将已经确认出口退税或代办退税的发票改成申报抵扣，也需要先向主管税务机关提出申请，等主管税务机关核实该发票还没申报出口退税，并将该发票电子信息回退后，纳税人才可以调整发票的用途。

对于纳税人通过增值税电子发票公共服务平台开具的增值税电子普通发票（用电子签名代替了原来的发票专用章，如图8－1所示），也属于税务机关监制的发票，其法律效力、基本用途、基本使用规定等与增值税普通发票相同。

可能有人担心在这个平台上办理业务会耽误时间，这是多余的。只要不是税务机关确定的高风险情形，增值税普通发票、增值税电子普通发票、收费公路通行费增值税电子普通发票、机动车销售统一发票、二手车销售统一发票票种核定事项主管税务都能及时办结。

这个增值税发票综合服务品台还能给纳税人提供“集成化”的风险提示：纳税人通过这个平台可以及时查询发票的开具、申报、缴

2020年1月8日国家税务总局发布《关于增值税发票综合服务平台等事项的公告》，公告规定：《国家税务总局关于简化增值税发票领用和使用程序有关问题的公告》（2014年第19号，国家税务总局公告2018年第31号修改）第三条同时废止。

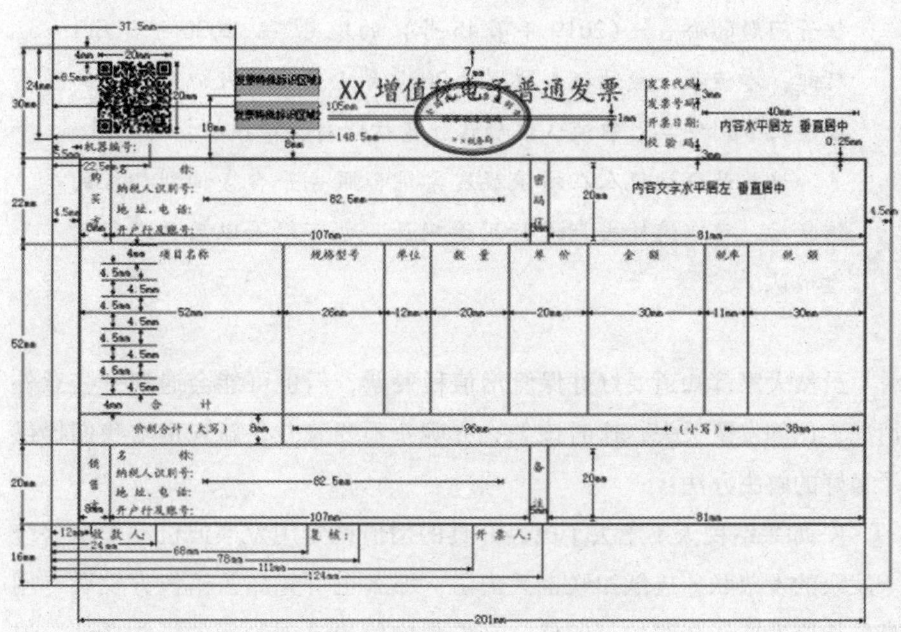

图 8－1　增值税电子普通发票

税、用途确认等流转状态以及作废、红冲、异常等状态，从而帮助纳税人有效规避因税企之间和购销双方信息不对称而产生的涉税风险和财务管理风险。

目前，该平台还支持对增值税专用发票、增值税普通发票、增值税电子普通发票、收费公路通行费增值税电子普通发票、机动车销售统一发票、二手车销售统一发票的发票信息批量下载服务，使用起来非常方便。

A 企业 2020 年 2 月取得了一张增值税专用发票，2020 年 3 月时通过增值税发票综合服务平台查询到这张发票的电子信息了，那么该企业是不是必须要在 2 月份进行发票用途的确定呢？

虽然该企业在 3 月份查到该发票的电子信息，但是根据

《国家税务总局关于取消增值税扣税凭证认证确认期限等增值税征管问题的公告》（2019 年第 45 号）的规定，从 2020 年 3 月 1 日起，增值税一般纳税人取得的 2017 年 1 月 1 日及以后开具的增值税专用发票，取消认证确认、稽核比对、申报抵扣的期限。

这就是说纳税人在增值税发票综合服务平台查询到相应的信息后，可以选择当期进行用途确认，也可以等以后再进行用途确认。

虽然大家都知道要好好保管增值税发票，但也可能会遇到一些意外情况，比如发票丢失，这时该怎么办呢？不要着急，新规定给我们提供了很好的解决办法：

1. 如果纳税人不幸丢了已经开具的增值税专用发票或机动车销售统一发票的发票联，连抵扣联也丢失了，那么也可凭加盖销售方发票专用章的相应发票记账联的复印件，来作为增值税进项税额的抵扣凭证、退税凭证或记账凭证。

2. 如果纳税人只丢失了已经开具的增值税专用发票或机动车销售统一发票的抵扣联，那么只用该发票的发票联复印件，就可以作为增值税进项税额的抵扣凭证或退税凭证。

3. 如果纳税人丢失了已经开具的增值税专用发票或机动车销售统一发票的发票联，那么可以凭借该发票的抵扣联复印件，来作为记账凭证。

这样人性化的处理方式真的让纳税人少了很多麻烦，纳税人再也不用因为发票丢失而去税务机关开具“丢失增值税专用发票已报税证明单”了。不过，作为一名合格的税务人员，我们不能因为新规定就放松了对发票的管理。

第六节　小规模纳税人如何进行纳税申报

增值税的纳税期限分别为 1 日、3 日、5 日、10 日、15 日、一个月或者一个季度，具体纳税期限由主管税务机关根据纳税人应纳税额的大小进行核定，每个纳税人应该在国家规定的纳税期限内进行纳税申报。对于那些不能在固定期限纳税的企业，可以按次进行纳税。

以一个月或一个季度为一个纳税期限的纳税人，应该自期满之日起 15 日内进行纳税申报；以 1 日、3 日、5 日、10 日或者 15 日为一个纳税期限的，应该自期满之日起 5 日内预缴税款，在次月 1 日起或 15 日内进行纳税申报并结清上月应纳税款；对于进口货物的纳税人，应该自取得海关进口增值税专用缴款书之日起 15 日内缴纳税款。

如果最后纳税期限正好遇到法定节假日，那就按休假天数顺延，具体可登录当地的税务局网上办税大厅查询。那些不按时办理纳税申报的企业，将被处以罚款和税收滞纳金。

按固定期限纳税的小规模纳税人可以选择一个月或一个季度为期，选择后在一个会计年度内不得更改。

纳税人可以到当地主管税务部门进行纳税申报，也可在当地税务局的网上进行纳税申报，并且有的地方已经退出了移动端，只要登录安装相应的手机 App 就能在手机上申报，非常方便。

现在以河北地区的网上申报为例，其申报流程是：网上查询【国家税务总局河北省税务局】，点击进入，里面有【网上办税】【办税指南】【资料下载】【办税地图】等板块。

如果对企业税务相关业务不是很清楚的，可以点击【办税指南】，这里面有对业务办理的详细说明，可以点击发票办理、申报纳税、优惠办理、证明办理、出口退（免）税等相应业务进行了解。这里面对哪些企业可以申请，企业在办理时需要什么材料以及怎么办理，在哪里办理等都有解释。

如果还是不明白，可以点击首页的【我要咨询】进行询问，可以选择智能咨询、微信咨询、留言咨询进行咨询，也可以拨打 12366 进行电话咨询。

如果需要下载一些资料，那么就点击【资料下载】，找到要下载的资料进行下载。

当然，我们主要是来申报小规模增值税的，所以点开【网上办税】板块，然后选择【电子税务局】，再点击下面的【我要办税】按钮，登录后，正确填写“增值税纳税申报表（小规模纳税人适用）”“增值税纳税申报表（小规模纳税人适用）附列资料”及“增值税减免税申报明细表”，填写完成后，保存。

确认所有资料填报无误后，可以直接网上申报，如果企业已经签订了“三方协议”，并且银行账户里余额也够缴税款，那么直接进行税款缴纳。如果银行账户资金不足，那么可以直接去当地税务机关缴纳税款，或者等账户资金足够后再缴纳，不过，一定要在法律法规规定的时限内，超期预缴将按日收取万分之五的滞纳金。

有的小规模纳税人可能因为国家的一些优惠政策或有时没有业务，可能会不用交税，或税款为零，这样的纳税人一定也要按时申报，不能因为不用交增值税或没有增值税就不申报。

第七节　一般纳税人如何进行增值税纳税申报

增值税一般纳税人应该按照相关税收法律法规，在规定的纳税期限内进行纳税申报。一般纳税人可通过当地的办税服务大厅或电子税务局进行纳税申报，相对来说网上申报更加方便、快捷。

虽然一般纳税人的申报程序比小规模纳税人的申报烦琐，但是每月申报之前也要进行“抄税”，然后才能进行纳税申报。一般纳税人和小规模纳税人一样在每月月度终了到下月月初时都要进行“抄税”，如果企业不在规定时间内进行抄税，那么该所属税期就不能申报增值税，并且如果超过规定的日期，企业也不能再开发票。

以河北地区的一般纳税人为例来简要说明一下增值税的申报情况。如果纳税人当月有需要抵扣的进项税额，可以通过开票系统等软件勾选需要当月抵扣的进项发票，并保存，然后再登录“国家税务总局河北电子税务局”网站，然后通过“税费申报及缴纳”中的“增值税一般纳税人纳税申报（一表集成）”模块就会自动生成当期的税额，仔细核对无误后确认保存。

做完这些后，纳税人就可以通过当地的电子税务网站进行填报其他的申报表了。原来需要申报的表格较多，但是从 2019 年 5 月 1 日起，为了减轻纳税人的负担，国家税务总局规定一般纳税人在办理增值税纳税申报时只要填写“一主表四附表”，也就是只要填写增值税申报表（一般纳税人适用）和附列资料一、二、三、四就行了，如图 8－2 所示。

是否必填	表单名称
必填	增值税纳税申报表（一般纳税人适用）
必填	增值税纳税申报表附列资料一（本期销售情况明细）
必填	增值税纳税申报表附列资料二（本期进项税额明细）
必填	增值税纳税申报表附列资料三（服务、不动产和无形资产扣除项目明细）
必填	增值税纳税申报表附列资料四（税额抵减情况表）
必填	增值税减免税申报明细表
选填	成品油购销存情况明细表
选填	代扣代缴税收通用缴款书抵扣清单
选填	加油站月份加油信息明细表
选填	加油站月销售油品汇总表

图 8－2　纳税人在办理增值税纳税申报时所填表格

不过，2020 年因为新冠肺炎疫情的影响，纳税人还需要填报增值税减免税申报明细表。如果你的企业涉及增值税的减免，那么就将相应的减免金额填写在相应的项目上保存；如果你的企业没有涉及减免优惠，那么直接保存即可。

填写申报表时，先填写附表，最后再填写主表。当附表都确认填写无误后，主表通常会自动生成，这时也要再仔细核对一下，确认无误后就可以保存，然后将这些填好的申报表申报了。

申报成功后，如果需要缴纳税款，那么只要保证签订“三方协议”的银行账户中存有足额的钱，就可以直接进行网上扣费了。如果企业银行账户余额不足，那么可以选择去当地的税务机关缴纳或者等资金到位后再扣款，不过，这个缴纳时间必须要在国家规定的时间内完成，否则从滞纳税款之日起，将按日加收滞纳税款万分之五的滞纳金。

最后，还要注意虽然你的纳税申报完成了，但是不要忘记，你还需要做“清卡”处理。做完这些后，一般纳税人申报纳税才算彻底完成。总结一下，一般纳税人的增值税的申报流程是从“抄税”“报税”，到“税款缴纳”，最后是“清卡”。

第八节　2020 年新出的一些增值税优惠政策及解读

为了促进汽车产业的发展，国家财政部和税务总局于 2020 年 4 月 8 日联合发布《关于二手车经销有关增值税政策的公告》（财政部税务总局公告 2020 年第 17 号）：

> 自 2020 年 5 月 1 日至 2023 年 12 月 31 日，从事二手车经销的纳税人销售其收购的二手车，由原按照简易办法依 3% 征收率减按 2% 征收增值税，改为减按 0.5% 征收增值税。

这是什么意思呢？意思就是原来经营销售二手车的纳税人，现在国家给发“红包”了，原来卖一台二手车需要按2%的征收率缴纳增值税，但是现在只要按0.5%的征收率缴纳增值税，并规定下面的公式计算销售额：

> 这里的二手车，是指从办理完注册登记手续至达到国家强制报废标准之前进行交易并转移所有权的车辆，具体范围按照国务院商务主管部门出台的二手车流通管理办法执行。

销售额＝含税销售额/（1＋0.5%）

另外，国家为规范征管，公布从这个公告发布之日后新出台的增值税征收率变动政策，都将比照上面的公式原理计算销售额。

这又是什么意思呢？其实以前减征的话，计算销售额等于含税销售额除以（1＋没减征之前的征收率）也就是（1＋3%），但是现在变成0.5%了，这样的话经销二手车应该缴纳的增值税额计算公式就是：

应纳税额＝含税销售额/（1＋0.5%）×0.5%

我们来看看假设原来纳税人销售一辆10万元的二手车，需要缴纳增值税＝10万/（1＋3%）×2%＝1 941.75（元）；

我们再来看看现在销售一辆10万元的二手车，需要缴纳增值税＝10万/（1＋0.5%）×0.5%＝497.51（元）。

这样一来，销售同样一款10万元的二手车纳税人将少缴纳1 444.24元的增值税。

享受这一税收优惠的二手车经销企业在销售二手车时，应向购买方开具税务机关监制的统一发票。不过这个统一发票不是增值税专用发票，不能当作增值税抵扣的凭证，对于那些想要抵扣的纳税人，从事二手车经销业务的纳税人应当给其开具征收率为0.5%的增值税专用发票，不过开票时需要注意，对于个人消费者不能给其开具增值税专用发票，只能给他们开具统一发票，千万不要弄错了。

纳税人在办理增值税申报纳税时应该怎么填报呢？这个要看二手车经销企业是一般纳税人还是小规模纳税人，二者在填报时还是有区别的。

如果是一般纳税人的话，在办理增值税纳税申报时，将减按0.5%征收率征收的销售额填写在增值税纳税申报表附列资料一（本期销售情况明细）“二、简易计税方法计税”中“3%征收率的货物及加工修理修配劳务”相应的栏次；对于减征的增值税税额，也就是根据销售额的2.5%计算出来的数额，填写在增值税纳税申报表（一般纳税人适用）应纳税额减征额及增值税减免税申报明细表中“减税项目”相应栏次。

如果是小规模纳税人的话，在办理增值税纳税申报时，将减按0.5%征收率征收的销售额填写在增值税纳税申报表（小规模纳税人适用）应征增值税不含税销售额（3%征收率）相应栏次；对于减征的增值税税额（计算方法跟一般人一样）填写在增值税纳税申报表（小规模纳税人适用）“本期应纳税额减征额”及增值税减免税申报明细表中“减税项目”相应栏次。

填写完成后，正常申报就行了。

另外，国家针对新冠肺炎的疫情，在增值税方面还出台了以下税收优惠政策：

1. 自2020年1月1日起，纳税人运输疫情防控重点保障物资取得的收入，免征增值税。

2. 自2020年1月1日起，纳税人提供公共交通运输服务、生活服务及为居民提供必需生活物资快递收派取得的收入，免征增值税。

3. 自2020年1月1日起，单

> 注意：享受免征增值税政策的纳税人，不得开具增值税专用发票；对于已开具增值税专用发票的，应当将开具的增值税专用发票作废，会开对应的红字发票，然后开具增值税普通发票，并在税率栏填写“免税”字样。

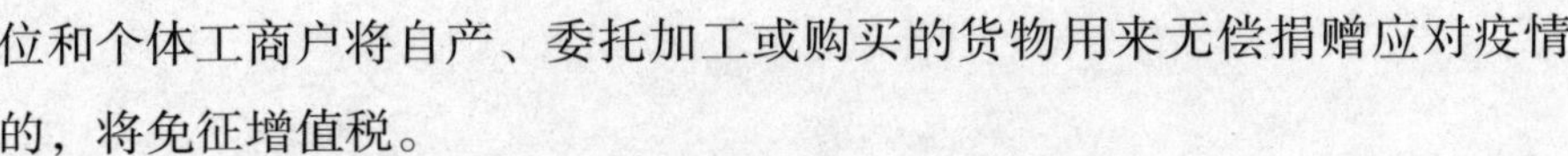

位和个体工商户将自产、委托加工或购买的货物用来无偿捐赠应对疫情的，将免征增值税。

国家为了方便纳税人能享受到这些优惠政策，采取不办理免税备案的手续，纳税人可直接进行免税申报就行了，当然要留存相关的证明材料备查。在办理增值税纳税申报时，应当正确填写增值税纳税申报表及增值税减免税申报明细表。

例：某一般纳税人企业是做互联网教育的，2020 年 3 月创造 400 万元销售额，则该纳税人 3 月应缴纳多少增值税?

因为国家规定从 2020 年 1 月 1 日起，提供生活服务的纳税人免征增值税。所谓的生活服务是指为满足城乡居民日常生活需求提供的各类服务活动，包括文化体育服务、教育医疗服务、旅游娱乐服务、餐饮住宿服务、居民日常服务和其他生活服务。

该企业是在线教育，属于生活服务中的教育服务，所以享受疫情期间免收增值税的政策，具体免了多少呢？应纳增值税 =400 万/（1+6%）×6% =22.64（万元）。

在办理增值税纳税申报的时候，纳税人将享受免征增值税的销售额 400 万元，写在增值税纳税申报表“其他免税销售额”栏次，同时将减免的税额 22.64 万元填写到增值税减免税申报明细表中的正确栏目。

如果纳税人将本应免征增值税的销售额进行了纳税申报，有两种方法可以补救，第一种就是将当期的申报进行更正；第二种就是在下期申报时进行调整。对已经缴纳的本应该免征的增值税款，可以申请退还或者用来抵减以后的增值税税款。

第九章 企业所得税涉及的一些问题

第一节 哪些所得需要缴纳企业所得税

企业所得税是对我国境内的企业和其他取得收入的组织就其生产经营所得和其他所得所征收的一种税。从企业所得税的定义可知，其纳税人除了是我国境内的企业，还有取得其他收入的组织。企业所得税主要是对其所得而征收的一种税。

企业所得税的缴纳跟增值税不同，它采用按月或按季预缴，然后年终汇算清缴的制度，纳税人在一个纳税年度（从公历1月1日起到12月31日止）终了之日起5个月内，需要向其实际经营管理所在地税务机关报送年度报表，并汇算清缴，结清应缴应退税款。

计算企业需要缴纳多少所得税，首先要确认哪些所得需要缴纳企业所得税。对于居民企业来说，无论其来源于中国境内还是境外的所得，都需缴纳企业所得税；对非居民企业来说，如果在中国境内设立了机构、场所，则其取得的来源于中国境内的所得需要缴纳企业所得税，此外虽然有的所得发生在中国境外，但是如果这些所得其实跟其所设的机构、场所有实际联系的，也需要缴纳企业所得税；对于那些并没在中国境内设立机构、场所的，或者虽然设立了机构、办事处，但是其取得的所得跟机构、办事处并没有实际联系，那么只对其来源于中国境内的所得征收企业所得税，其余的则不征收企业所得税。

这里的所得包括销售货物所得、提供劳务所得、转让财产所得、股息红利等权益性投资所得、利息所得、租金所得、特许权使用费所得、接受捐赠所得和其他所得。这些来源于中国境内、境外的不同地方的所得要根据什么原则进行确认呢？具体原则如下：

1. 销售货物所得，按照交易活动发生地确定。

2. 提供劳务所得，按照劳务发生地确定。

3. 转让财产所得：如果是不动产转让所得，按照转让不动产的企业或者机构、场所所在地确定；如果是动产转让所得，按照转让动产的企业或者机构、场所所在地确定；如果是权益性投资资产转让所得，按照被投资企业所在地确定。

4. 股息、红利等权益性投资所得，按照分配所得的企业所在地确定。

5. 利息所得、租金所得、特许权使用费所得，按照负担、支付所得的企业或者机构、场所所在地确定，或者按照负担、支付所得的个人的住所地确定。

6. 其他所得，由国务院财政、税务主管部门确定。

企业应该根据其所得计算应该缴纳的所得税，企业应纳所得税等于应纳税所得额乘以适用税率，然后减去根据规定减免和抵免的税额。优惠及减免将在本章下两节详细讲解，这里简单介绍一下企业所得税的税率。

根据我国企业所得税法的规定，企业所得税的基本税率是25%，不过有时会有一些优惠政策，具体税率如表9－1所示。

表 9－1　我国企业所得税税率

<table>
<tr><th>种类</th><th>税率</th><th>适用范围</th></tr>
<tr><td rowspan="2">基本税率</td><td rowspan="2">25%</td><td>1. 居民企业</td></tr>
<tr><td>2. 在中国境内设有机构、场所且所得与机构、场所有关联的非居民企业</td></tr>
<tr><td rowspan="6">优惠税率</td><td>20%</td><td>符合条件的小型微利企业（从 2019 年 1 月 1 日至 2021 年 12 月 31 日）</td></tr>
<tr><td rowspan="5">15%</td><td>1. 国家重点扶持的高新技术企业</td></tr>
<tr><td>2. 西部地区鼓励类产业企业（延长至 2030 年 12 月 31 日止）</td></tr>
<tr><td>3. 技术先进型服务企业</td></tr>
<tr><td>4. 横琴新区等地区现代服务业合作区的鼓励类产业企业（2020 年 12 月 31 日止）</td></tr>
<tr><td>5. 从事污染防治的第三方企业（2021 年 12 月 31 日止）</td></tr>
<tr><td rowspan="2">扣缴义务人代扣代缴</td><td rowspan="2">10%</td><td>1. 在中国境内未设立机构、场所的非居民企业</td></tr>
<tr><td>2. 虽在中国境内设立机构、场所但取得的所得与其所设机构、场所无实际联系的非居民企业</td></tr>
</table>

第二节　企业所得税的税收优惠政策有哪些

有时国家为了扶持某些特殊地区某些产业，或某类企业的发展，促进产业结构的调整和社会经济的发展，经常会出台一些税收优惠政策，引导资本的流入。因为资本都喜欢往利润高的地方流动，这样就会导致国家经济发展的不平衡，为了改变这个不平衡，各国通常会采取一些税收优惠政策加以引导，让资本向国家希望的方向流动。

税收优惠政策是指国家对某些特定企业和课税对象给予一定的减轻或免除税负的措施，比如减免一些税款，或者降低税率等。税法规定的企业所得税的税收优惠方式主要包括优惠税率、加计扣除、加速折旧、

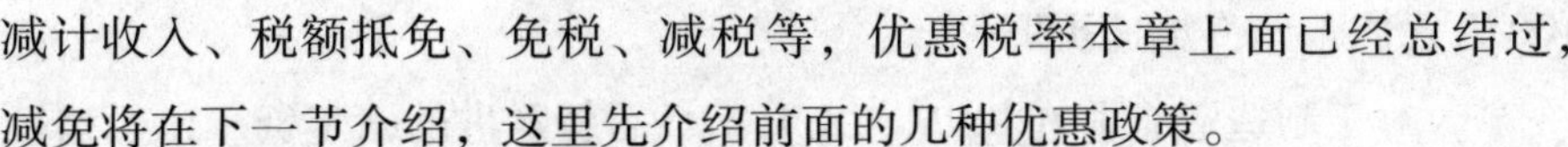

减计收入、税额抵免、免税、减税等，优惠税率本章上面已经总结过，减免将在下一节介绍，这里先介绍前面的几种优惠政策。

一、加速折旧的优惠政策

企业所得税法规定，企业由于技术进步等原因，确需加速折旧的固定资产，可以缩短折旧年限或者采取加速折旧的方法。

在具体实施的过程中要注意，如果采取缩短折旧年限的方式来加速折旧的，最低折旧年限不得低于规定折旧年限的60%；如果采取加速折旧的方法，则可以采取双倍余额递减法或年数总和法。

对于加速折旧的政策，最近几年一直在变化，但最终目的都是让更多的企业能享受到这些优惠，鼓励企业扩大投资，从而促进我国产业的技术升级。

2019年财政部税务总局联合发布了《关于扩大固定资产加速折旧优惠政策适用范围的公告》（财政部税务总局公告2019年第66号）。

> 从2019年1月1日起，将原来只适用于六大行业和四个领域重点行业的固定资产加速折旧范围扩大到全部制造业。

也就是说从2019年1月1日起，所有制造业企业都能享受固定资产加速折旧的优惠政策。关于加速折旧的优惠政策，现总结如下：

1. 所有行业企业持有的单位价值不超过5 000元的固定资产，可一次性税前扣除；

2. 所有行业企业在2014年1月1日后新购进的专门用于研发的仪器、设备，单位价值不超过100万元的，可一次性税前扣除，超过

> 怎么判断是不是“新购进”？
>
> 1. 取得方式，包括以货币形式购进或自行建造两种形式；
>
> 2. 购进时点，以货币形式购进的，按发票开具的时间，如果是分期付款或赊销方式购进的，则以到货时间确定；
>
> 3. “新”是相对原有的固定资产而言，不是指购进的必须是全新的固定资产，对于企业购进的已使用过的固定资产，也适用。

100 万元的，允许加速折旧；

3. 对于制造业企业在 2019 年 1 月 1 日后新购进的固定资产，可缩短折旧年限或采取加速折旧的方法，具体实施时的要求跟上面加速折旧的一样。

二、减计收入的优惠政策

企业所得税法规定：综合利用资源，生产符合国家产业政策规定的产品所取得的收入，可以在计算应纳税所得额时减计收入。符合要求的企业在计算应纳税所得额时减按 90% 计入收入总额。

三、税额抵免的优惠政策

关于税额抵免的优惠政策，企业所得税法规定企业购置用于环境保护、节能节水、安全生产等专用设备的投资额，可以按一定比例实行税额抵免。

在抵免过程中，对于上述专用设备，该专用设备投资额的 10% 可以从企业当年的应纳税额中抵免，如果当年没有抵免完，则可以在以后 5 个纳税年度结转抵免。

四、税额抵扣的优惠政策

企业所得税法规定，创业投资企业从事国家需要重点扶持和鼓励的创业投资，可以按投资额的一定比例抵扣应纳税所得额。

这是什么意思呢？意思就是创投企业，如果采取股权投资方式投资于还没上市的中小高新技术企业 2 年以上的，可以按照其投资额的 70%，在股权持有满 2 年的时候抵扣该创业投资企业的当年的应纳税所得额，如果当年不足抵扣的，可以结转到以后的纳税年度继续抵扣。

第三节　企业所得税可以减免方面的优惠政策

可能大多数企业在缴纳企业所得税的时候都想不缴或少缴，怎么才能在国家法律法规允许的范围内少缴或不缴呢？这就需要税务人员及时了解并熟悉我国企业所得税的一些优惠政策。上一节已经介绍了一些，这一节主要介绍所得税减免方面的优惠政策。

一、小型微利企业的减免政策

2019年，财政部税务总局联合发布了《关于实施小微企业普惠性税收减免政策的通知》（财税〔2019〕13号）：

从2019年1月1日至2021年12月31日，小型微利企业年应纳税所得额不超过100万元的部分，减按25%计入应纳税所得额，按20%的税率缴纳企业所得税；对年应纳税所得额超过100万元但不超过300万元的部分，减按50%计入应纳税所得额，按20%的税率缴纳企业所得税。

> 小型微利企业的认定条件（必须同时满足以下4条）：
>
> 1. 从事国家非限制和禁止行业；
> 2. 年度应纳税所得额不超过300万元；
> 3. 从业人数不超过300人；
> 4. 资产总额不超过5000万元。

这个优惠政策推行后，将有95%以上的纳税人都能享受到这个所得税的优惠，快看看你的企业是不是也在优惠名单之列。

例：A企业是从事服装销售行业的增值税一般纳税人，2020年5月对2019年进行所得税汇算清缴，调增调减后发现2019年全年应纳税所得额是240万元，其应缴纳2019年所得税额是多少？（第一季度人数初期人数352人；期末人数280人；第二季度期末人数240人；第三季度期末人数300人；第四季度期末人数360；全年资产总额平均值为4281.5万元）

因为2019年应纳税所得额是240万元，没有超过300万元，所以该企业税务又对其从业人数和资产总额进行了以下计算：

第一季度从业人数平均值＝（季初值＋季末值）÷2＝

(352 + 280) ÷2 = 316

第二季度从业人数平均值 = (280 + 240) ÷2 = 260

第三季度从业人数平均值 = (240 + 300) ÷2 = 270

第四季度从业人数平均值 = (300 + 360) ÷2 = 330

全年平均值 = 全年各季度平均值之和 ÷4 = 294

对于企业的资产总额，税务人员采用跟从业人数同样的方式进行了计算，发现其全年平均值是4281.5万元。

算完后，该企业税务人员判断自家企业属于小型微利企业，于是按照小型微利企业优惠政策计算2019年的应纳所得税额，计算如下：

100万元以下的部分应缴纳的企业所得税额 = 100 × 25% × 20% = 5（万元）；

100万元到240万元部分应缴纳的企业所得税额 = (240 − 100) × 50% × 20% = 14（万元）；

所以A企业2019年应缴纳的企业所得税额 = 14 + 5 = 19（万元）。

二、国家重点扶持和鼓励发展的产业和项目，以及高新技术企业、技术先进型服务企业的减免政策

其企业所得税减按15%的税率征收，具体参考本章第一节。

三、免税收入的优惠政策

如果你的企业有以下类型的收入，那么将享受免收所得税的优惠：

1. 企业因购买国债而获得的利息收入；

2. 符合条件的居民企业之间的股息、红利等权益性投资收益；

3. 在中国境内设立机构、场所的非居民企业从居民企业取得与该机构、场所有实际联系的股息、红利等权益性投资收益；

4. 符合条件的非营利组织的收入。

例：B 企业是增值税一般纳税人，2019 年会计利润是1 000 万元，其中包括取得到期国债利息收入 50 万元，还有取得企业债券利息收入 100 万元，如果不考虑其他影响因素，那么 B 企业在进行2019 年所得税汇算清缴时，需要将50 万元的国债利息收入进行调减，也就是应纳税所得额为：1 000 − 50 = 950（万元）。

四、免征、减征企业所得税的优惠政策

1. 从事农、林、牧、渔业项目的所得，大部分免税，只有这两项减半征收：花卉、茶以及其他饮料作物和香料作物的种植；海水养殖、内陆养殖。

2. 从事国家重点扶持的公共基础设施项目投资经营的所得，自项目取得第一笔生产经营收入所属纳税年度起，前 3 年是免征企业所得税，从第 4 年到第 6 年将减半征收企业所得税。

3. 从事符合条件的环境保护、节能节水项目的所得，也是从取得第一笔生产经营收入所属的纳税年度起，前 3 年免征所得税，从第 4 到第 6 年将减半征收企业所得税。

4. 符合条件的技术转让所得，如果居民企业技术转让所得不超过 500 万元的部分，免征企业所得税；超过 500 万元的部分，将减半征收企业所得税。

5. 对于非居民企业，其所得税有以下优惠政策：

①在中国境内未设立机构、场所的非居民企业，其所得税将减按 10% 税率征收；

②在中国境内设立机构、场所但取得的所得与其所设机构、场所无实际联系的非居民企业，其所得税将减按 10% 税率征收；

③外国政府向中国政府提供贷款取得的利息所得，将免征所得税；

④国际金融组织向中国政府和居民企业提供优惠贷款取得的利息所得，将免征所得税；

⑤经国务院批准的其他所得，将免征所得税。

6. 民族自治地方的自治机关对本民族自治地方的企业应缴纳的企业所得税中属于地方分享的部分，可以决定减征或者免征。

五、其他优惠政策

1. 对设在西部地区国家鼓励类产业的企业，所得税减按 15% 的税率征收，这个优惠政策一直延长至 2030 年 12 月 31 日止；

2. 对企业和个人取得的 2012 年及以后年度发行的地方政府债券利息收入，免征企业所得税和个人所得税。

关于企业所得税的优惠政策还有不少，这里总结的只是一些比较常见的优惠政策，大家应该根据自己企业所处的行业及时了解相关的优惠政策，提前做一些纳税筹划。

第四节　企业所得税收入的确认

每年在计算企业要缴纳多少所得税时，收入和成本都是重中之重，因为收入是企业重要的资金来源之一，成本是企业资金支出的主要去处，这些都影响着企业的利润，从而影响企业缴纳所得税的多少。下面我们将讨论企业所得税法中的收入具体是什么。

企业所得税法中规定收入总额是企业以货币形式和非货币形式从各种来源取得的收入。货币形式的收入，包括现金、存款、应收账款、应收票据、准备持有至到期的债券投资以及债务的豁免等；非货币形式的收入，包括固定资产、生物资产、无形资产、股权投资、存货、不准备持有至到期的债券投资、劳务以及有关权益等。

在计算企业所得税的应纳税所得额时，必须遵循权责发生制的原则和实质重于形式的原则，也就是说属于当期的收入不管款项是否收到，都应确认为当期的收入，而不属于当期的收入，即便款项已经收到，也不能确认为当期的收入。具体收入的确认时间如下：

一、销售货物收入的确认

销售货物收入不仅指企业销售商品、产品、原材料的收入，还指企业销售包装物、低值易耗品及其他存货取得的收入，其收入的确认不仅包括时间方面的确认，还包括价值方面的确认。

我们通常所说的商品销售的实现，是指商品已经发出，并且商品的所有权及跟所有权相关的主要风险和报酬已经转移给购货方后，收到货款或取得货款的凭证时，予以确认销售收入。具体的确定跟采取的销售方式有关，比如企业采用分期收款的销售方式，那么合同约定的收款日期就是收入的确定日；如果企业采用的是预收货款的销售方式，那么在商品发出时，就是收入的确定；如果采取的是交款提货的销售方式，货款已经收到，并且企业已经将账单和提货单交给购货方，那么不论商品是否发出，都要确定收入。

企业税务人员应根据自家企业每一笔销售货物的方式，对照法律法规正确确认收入，比如：

某企业的产品在销售时还需要提供安装和检验，并且产品安装很复杂。2020 年 5 月该企业销售了一批价值 1000 万元的产品，产品已经在当月发出，但是因为安装人员很紧张，只能等 6 月才能去安装，则这笔收入在 5 月时还不能确认，只能等到安装完毕，并检验合格后才能确认收入。

二、提供劳务收入的确认

劳务收入，是指企业从事建筑安装、修理修配、交通运输、仓储租赁、金融保险、邮电通信、咨询经纪、文化体育、科学研究、技术服务、教育培训、餐饮住宿、中介代理、卫生保健、社区服务、旅游、娱乐、加工以及其他劳务服务活动取得的收入。

有的劳务从提供劳务交易开始，到最终完成可能需要好几个会计年度，为了方便核算，通常以是否跨年将劳务分为不跨年劳务和跨年劳务。对于不跨年劳务，其收入确定的原则可以参考销售商品收入的确认原则，对于跨年劳务的确定就比较复杂，但是如果在每个纳税期末，其劳动交易结果能够可靠地估计，那么企业就应该根据完工进度（完工百分比）进行确认。

这里“可靠估计”是指劳务总收入和总成本能可靠地计量，并且劳务完成的程度也能可靠确定。采用按完工进度确认劳务收入时，收入和相关费用计算公式如下：

本年确认的收入 = 劳务总收入 × 本年末止劳务的完成程序 − 以前年度已确认的收入

本年确认的费用 = 劳务总成本 × 本年末止劳务的完成程度 − 以前年度已确认的费用

劳务收入的确认时间跟不同性质的劳务有关，具体如下：

1. 安装费，根据安装完工进度确认收入。安装工作是商品销售附带条件的，安装费在确认商品销售实现时确认收入。

2. 宣传媒介的收费，应在相关的广告或商业行为出现于公众面前时确认收入。广告的制作费，应根据制作广告的完工进度确认收入。

3. 软件费，为特定客户开发软件的收费，应根据开发的完工进度确认收入。

4. 服务费，包含在商品售价内可区分的服务费，在提供服务的期间分期确认收入。

5. 艺术表演、招待宴会和其他特殊活动的收费。在相关活动发生时确认收入。收费涉及几项活动的，预收的款项应合理分配给每项活动，分别确认收入。

6. 会员费，申请入会或加入会员，只允许取得会籍，所有其他服务或商品都要另行收费的，在取得该会员费时确认收入。申请入会或加入会员后，会员在会员期内不再付费就可得到各种服务或商品，或者以低于非会员的价格销售商品或提供服务的，该会员费应在整个受益期内分期确认收入。

7. 特许权费，属于提供设备和其他有形资产的特许权费，在交付资产或转移资产所有权时确认收入；属于提供初始及后续服务的特许权费，在提供服务时确认收入。

8. 劳务费，长期为客户提供重复的劳务收取的劳务费，在相关劳务活动发生时确认收入。

例：A 企业 2019 年 11 月 5 日跟一客户签约，专门为该客户开发一套软件，合同总价是 600 万元，工期大约为 6 个月。到 2019 年 12 月 31 日，A 企业收到客户预付款 200 万元，给开发人员开工资发出 150 万元，经专业测量师测量，A 企业这个项目的完工进度为 50%，则 2019 年 A 企业该项目应确定收入为：

确认收入 = 劳务总收入 × 完工进度 − 以前年度已确定的收入 = 600 × 50% = 300（万元）。

三、其他收入的确认

对于其他收入的确认，总结如表 9－2 所示：

表9－2　企业其他收入项目及确认时间

收入项目	收入确认时间
股权转让所得收入	转让协议生效且完成股权变更手续时，确认收入的实现
股息、红利等权益性投资收益	除国务院财政、税务主管部门另有规定外，按照被投资方做出利润分配决定的日期确认收入的实现
利息收入	按照合同约定的债务人应付利息的日期确认收入的实现
租金收入	如果交易合同或协议中规定租赁期限跨年度，且租金提前一次性支付，可对上述已确认的收入，在租赁期内，分期均匀计入相关年度收入
特许权使用费收入	按照合同约定的债务人、承租人、特许权使用人应付费用的日期确认收入的实现
接受捐赠收入	按照实际收到捐赠资产的日期确认收入的实现
企业取得财产（包括各类资产、股权、债权等）转让收入、债务重组收入、接受捐赠收入、无法偿付的应付款收入等	不论是以货币形式还是非货币形式体现，除另有规定外，均应一次性计入确认收入的年度计算缴纳企业所得税

企业在生产经营过程中，其收入的形式可能会涉及多种，税务人员在年度终了计算全年应纳税额时，应核查一下企业的收入类型，看看收入确认是否准确，对于错误的确认应及时更正，以免引起税务风险。关于企业收入的确认，我们还是举一个简单的例子来说明。

例：B企业是生产企业，为增值税一般纳税人，其2019年度的生产经营情况如下：

1. 销售其生产的产品2 000万元，对应的成本是1 000万元；

2. 将仓库中一批价值为25万元的低值易耗品变卖，获得20万元；

3. 取得国债利息收入10万元；

4. 获得企业债券利息20万元；

5. 代销别的厂家的商品，获得货款80万元，其中这批商品的成本是70万元；

6. 一供应商没有及时将原料提供给B企业，根据合同赔偿B企业1万元违约金；

则该企业的2019年的收入总额 =2 000 +20 +10 +20 +80 +1 =2 131（万元）。

第五节　哪些项目可以扣除，哪些项目不可以扣除

每年在计算企业所得税的应纳税所得额时，除了要正确确认收入，还要清楚哪些项目可以税前扣除，哪些不能税前扣除，只有这样才不会多交也不会少交企业所得税，才能避免给企业造成损失或带来税务风险。

根据《企业所得税法》的规定，企业实际发生的与取得收入有关的一些合理支出，比如成本、费用、税金、损失和其他支出，可以在税前扣除。具体内容如下：

1. 成本：是指企业在生产经营活动中发生的销售成本、销货成本、业务支出以及其他耗费。

2. 费用：是指企业在生产经营活动中发生的销售费用、管理费用和财务费用，对于已经计入成本的有关费用应该剔除。

3. 税金：是指企业发生的除企业所得税和允许抵扣的增值税以外的各项税金及其附加。

4. 损失：是指企业在生产经营活动中发生的固定资产和存货的盘亏、毁损、报废损失，转让财产损失，呆账损失，坏账损失，自然灾害

等不可抗力因素造成的损失以及其他损失。

5. 其他支出：是指除成本、费用、税金、损失外，企业在生产经营活动中发生的与生产经营活动有关的、合理的支出。

对于这些可以税前扣除的费用，需要坚持权责发生制原则、配比原则、相关性原则、确定性原则、合理性原则。企业所得税经常会涉及的扣除项目范围如下：

一、工资、薪金的支出

对于企业发生的、合理的工资薪金支出，根据实际支付的数目准予扣除。这里工资薪金包括基本工资、奖金、津贴、补贴、年终加薪、加班工资，以及与员工任职或者受雇有关的其他支出。所谓合理的工资薪金，是指企业根据相关部门或相关机构制定的工资薪金制度规定实际发放给员工的工资薪金。

二、职工福利费、工会经费、职工教育经费

1. 职工福利费的扣除标准是，没超过工资薪金总额的14%部分可以扣除。

这里职工福利费包括供暖费补贴、职工防暑降温费、职工困难补贴、职工食堂经费补贴、职工交通补贴等。另外需要注意，这里的工资薪金总额指的是税前准予扣除的工资薪金总额，不是会计中的“应付职工薪酬”项目所对应的金额。

2. 工会经费的扣除标准是，没超过工资薪金总额的2%部分可以扣除。

3. 职工教育经费的扣除标准，不超过工资薪金总额的8%部分可以扣除，对于超出部分可以结转到以后纳税年度扣除，这个规定从2018年1月1日起开始正式执行的。

例：某企业2019年计入成本、费用的实发工资总额为200万元，支付职工福利费30万元，拨缴工会经费是3.5万元，支付职工教育经费是15万元，则计算2019年该企业应纳税所得额

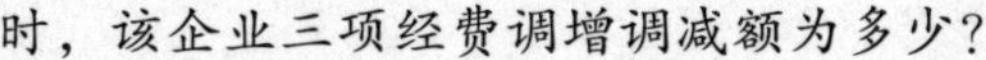
时，该企业三项经费调增调减额为多少？

职工福利费应调增数额＝30－200×14%＝2（万元）；

工会经费应调增数额＝3.5－200×2%＝－0.5（万元）（说明不用调整）；

职工福利费应调增数额＝15－200×8%＝－1（万元）（说明不用调整）。

三、社会保险

1. 对于企业根据政府规定的范围和标准为职工缴纳的基本养老保险费、基本医疗保险费、失业保险费、工伤保险费、生育保险费等基本社会保险费和住房公积金，可以税前扣除。

2. 对于企业为投资者或者职工支付的补充养老保险费、补充医疗保险费，在国务院财政、税务主管部门规定的范围和标准内，准予扣除。

3. 对于企业为投资者或职工支付的一些商业保险，除企业依照国家有关规定为特殊工种职工支付的人身安全保险费和国务院财政、税务主管部门规定可以扣除的其他商业保险费外，一律不得扣除。

4. 企业参加的财产保险，按照相关规定缴纳的保险费，可以税前扣除。

四、利息费用

1. 非金融企业向金融企业借款的利息支出、金融企业的各项存款利息支出和同业拆借利息支出、企业经批准发行债券的利息支出，可据实扣除。

2. 非金融企业向非金融企业借款的利息支出，不超过按照金融企业同期同类贷款利率计算的数额的部分可据实扣除，超过的部分不允许扣除。

例：某居民企业2019年共发生财务费用16万元，其中向金融企业借款100万元（贷款年利率为5.5%），支付利息5.5万元，向非金融企业借款100万元，支付利息10万元，则财务费用的纳税调整额是多少?

因为非金融企业向金融企业的利息支出可以税前扣除，所以该企业向金融企业支付的5.5万元利息不用调整。

非金融企业向非金融企业借款的利息的税前扣除限额=100×5.5%=5.5（万元），而实际支付了10万元的利息，所以应该调增，调增额=10-5.5=4.5（万元）。

所以，该企业2019年财务费用调增额为4.5万元。

五、借款费用

1. 企业在生产经营活动中发生的合理的、不需要资本化的借款费用，准予扣除。

2. 企业为购置、建造固定资产、无形资产和经过12个月以上的建造才能达到预定可销售状态的存货发生借款的，在有关资产购置、建造期间发生的合理的借款费用，应当作为资本性支出计入有关资产的成本，在有关资产交付使用后，可在发生当期扣除。

3. 通过发行债券、取得贷款等方式融资发生的合理费用，按资本化和费用化处理。

六、汇兑损失

对于企业在货币交易中，因汇率折算造成的汇兑损失，除已经计入有关资产成本以及与向所有者进行利润分配相关的部分外，准予扣除。

七、业务招待费

企业发生的与生产经营活动有关的业务招待费支出，按照发生额的60%扣除，但最高不得超过当年销售（营业）收入的5‰。具体操作中计算出这个数据的大小，然后相比较，取相对小的那个计算纳税调整。

例：某企业2019年实现销售收入1 000万元，发生业务招待费用20万元，则当年业务招待费需要调整多少?

该企业实际发生的业务招待费是20万元，允许扣除的招待

费为：20×60%=12（万元）

根据规定该企业允许扣除的业务招待费最高限额=1 000×5‰=5（万元）

12万元>5万元

所以，2019年业务招待费的纳税调增额=20－5=15（万元）。

八、广告费和业务宣传费

1. 企业发生的符合条件的广告费和业务宣传费支出，一般不超过当年销售（营业）收入15%的部分，准予扣除；超过部分，准予在以后纳税年度结转扣除。

2. 对于化妆品制造与销售、医药制造、饮料制造（不含酒类制造）企业发生的广告费和业务宣传费，不超过当年销售（营业）收入的30%部分，准予扣除，超出部分可以在以后纳税年度结转扣除（注意该规定到2020年12月31日止）。

3. 烟草企业的烟草广告费和业务宣传费支出，一律不得在计算应纳税所得额时扣除（注意该规定到2020年12月31日止）。

九、公益性捐赠支出

企业当年发生以及以前年度结转的公益性捐赠支出，不超过年度利润总额12%的部分，准予扣除。

因为2020年新型冠状病毒肺炎疫情的影响，国家对公益性捐赠的扣除有了新的规定，具体可见本章最后一节的内容。

十、租赁费

1. 如果企业是以经营租赁方式租入固定资产发生的租赁费支出，按照租赁期限均匀扣除。

2. 如果企业是以融资租赁方式租入固定资产发生的租赁费支出，按照规定构成融资租入固定资产价值的部分应当提取折旧费用，分期扣除。

十一、其他项目的扣除范围

对于企业依照法律法规设定的专门用于环境保护、生态恢复等方面的资金可以税前扣除；企业发生的合理的劳动保护支出可以扣除；其他如会员费、合理的会议费、差旅费、违约金、诉讼费用等，准予扣除。

还有一些可以扣除的项目，对于大多企业来说不太常用，这里就不再介绍，如有涉及可参考相关的法律法规即可。

对于计算企业所得税应纳税所得额时，不可以扣除的项目如下所示：

1. 向投资者支付的股息、红利等权益性投资收益款项；

2. 企业所得税税款；

3. 税收滞纳金；

4. 罚金、罚款和被没收财物的损失；

5. 超过规定标准的捐赠支出；

6. 赞助支出，指与生产经营无关的非广告性质支出；

7. 未经核定的准备金支出，指不符合规定各项资产减值准备、风险准备等准备金支出；

8. 企业之间支付的管理费、企业内营业机构之间支付的租金和特许权使用费，以及非银行企业内营业机构之间支付的利息，不得扣除；

9. 与取得收入无关的其他支出。

明白了可以扣除的项目以及不可以扣除的项目，就能正确计算企业所得税应纳税所得额了。

第六节　企业应纳所得税税额的计算

作为一个税务人员，每年的汇算清缴是躲不掉的。有的税务人员从年初就已经着手了，但是辛苦算完后，发现忘了一些东西，于是只能重新开始。这样的情况可能每年年初都在不断重演，那么，怎样才能尽量一次就算对？那就得牢记所得税应纳税额的计算公式：

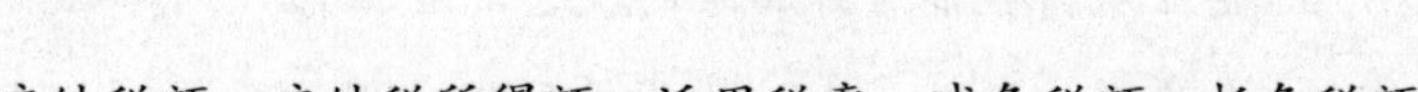

应纳税额＝应纳税所得额×适用税率－减免税额－抵免税额

虽然企业所得税计算起来很烦琐，但是根据上面的公式将每一项都正确归类后就简明了很多。税务人员可根据本章前面介绍的内容选择企业所得税的适用税率，并计算出每一项减免税额和抵免税额，这样我们只要算出应纳税所得额就大功告成了。而应纳税所得额也有其计算公式：

应纳税所得额＝收入总额－不征税收入－免税收入－各项扣除金额－允许弥补的以前年度亏损

其实应纳税所得额还有一个计算公式就是：

应纳税所得额＝会计利润总额±纳税调整项目金额

具体计算，我们还是以案例来说明吧。

例：某工业企业为增值税一般纳税人，有职工50人（全年平均值），资产总额950万元（全年平均值），该企业除了2018年亏损18万元外，之前每年都是盈利的，2019年发生以下业务：

1. 当年实现销售收入1 000万元，相对应的成本为600万元；

2. 取得国债利息收入30万元，企业债券收入20万元；

3. 取得营业外收入10万元，营业外支出9万元（其中支付合理的违约金1万元，缴纳税收滞纳金1万元，罚款2万元，通过公益性组织向贫困山区学校捐款5万元）；

4. 发生销售费用180万元（其中广告费用80万元）；管理费用150万元（其中业务招待费用20万元）；财务费用20万元（其中18万元是向金融企业支付的借款利息）；

5. 企业所得税前准许扣除的税金及附加12万元；

6. 全年发生计入成本、费用的实发合理工资总额为150万元，实际支付职工福利费30万元，职工教育经费10万元，拨缴工会经费5万元；

则该企业2019年需缴纳多少企业所得税？这里通过计算会计利润总额来计算该企业2019年应纳税所得税额。

1. 2019年该企业的会计利润总额 = 1 000 - 600 + 30 + 20 + 10 - 9 - 180 - 150 - 20 - 12 = 89（万元）；

2. 因为国债利息免征企业所得税，所以应调减应纳税额30万元；

3. 因为税收滞纳金和罚款不能税前扣除，所以应纳税所得额需要调增1 + 2 = 3（万元）；

4. 企业的公益捐赠，因为5万元 < 89 × 15% = 13.35万元，所以不用调整；

5. 因为企业实际发生的广告费用80万元 < 1 000 × 15% = 150（万元），所以不用调整；

> 小型微利企业年应纳税所得额不超过100万元的部分，减按25%计入应纳税所得额，按20%的税率缴纳企业所得税；年应纳税所得额超过100万元但不超过300万元的部分，减按50%计入应纳税所得额，按20%的税率缴纳企业所得税。

6. 该企业实际发生的业务招待费为20万元，20 × 60% = 12万元 > 1 000 × 5‰ = 5万元，所以需要调增20 - 5 = 15（万元）；

7. 职工福利费：因为30万元 > 150 × 14% = 21（万元），所以需要调增30 - 21 = 9万元；

8. 职工教育经费：因为10万元 < 150 × 8% = 12（万元），所以不用调整；

9. 工会经费：因为5万元 > 150 × 2% = 3（万元），所以需

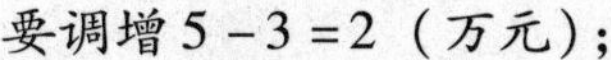

要调增 5 - 3 = 2（万元）；

10. 2019 年该企业所得税应纳税所得额 = 89 - 30 + 3 + 15 + 9 + 2 - 18（弥补以前年度亏损）= 70（万元）；

11. 根据财政部税务总局 2019 年 1 月 17 日颁布的《关于实施小微企业普惠性税收减免政策的通知》，该企业满足小型微利企业的条件，所以享受所得税优惠政策，其应纳所得税额 = 70 × 25% × 20% = 3.5（万元）。

第七节　企业所得税的汇算清缴

每个纳税年度结束后，只要企业在该年度内从事了生产、经营活动，都需要进行企业所得税的汇算清缴工作。可能有的企业在纳税年度中间就终止了经营，可能有的企业一年结束还是亏损，即便这样，税务人员也不能忘记一年一度的汇算清缴工作。

对于汇算清缴大家不用太过担心，按照前面讲过的计算方法，把税额算对，把相关的数据填写到对应的表单上就行了，即便填错了也能修改。如果是在汇算清缴最后截止日期前发现申报有误，直接更正就行，再把应缴应退的企业所得税结清就行，对于需要补缴的税款是不加收滞纳金的；如果汇算清缴的征期已经结束，你才发现申报有误，那么也可以更正，不过如果涉及补税，从征期结束那天开始加收滞纳金。

汇算清缴填报中最让人头疼的就是那些繁多的表单，以 A 类为例就有 30 多个（具体明细如表 9 - 3 所示），看到这么多表单是不是很头疼？没事，这些表单不是说都要填的，除了必填的几项，其余的都是跟自己相关的才填，不相关的不用填写。

首先，纳税人要根据企业自身的情况，正确选择需要填报的表单，

并在“□”内打“√”,

这里需要注意所有企业都要填写“基础信息表”，具体填报可以参考国家税务局每年发布的填报说明，里面对每一项的填报都有详细的说明。

另外“企业所得税年度纳税申报表”也是必填的，不过填写时要注意，要根据企业自身的类型选择相应的纳税申报表。如果你的企业是查账征收居民企业及实行按比例就地预缴汇总（合并）纳税办法的分支机构，那么请选择中华人民共和国企业所得税年度纳税申报表（A类）及相关附表；如果你的企业是核定征收居民企业，那么请选择“B类”报表及相关附表；如果你的企业是跨地区经营汇总纳税企业的分支机构，那么请选择分支机构企业所得税年度纳税申报表（A类）及相关附表。

对于A类企业来说除了上面两项必填的，还会涉及收入、成本、期间费用、纳税调整（根据企业涉及的具体调整项目来选择相应的调整明细表）、弥补亏损、减免税等项目，企业应根据当年实际涉及的业务选择填报。凡是勾选了“填报”的表单，不管会不会涉及纳税调整，都应该将表中的信息填写完整。

通常情况下“收入明细表”也是必填的，除了金融企业（包括银行、信用社、保险公司、证券公司等金融企业）需要选择金融企业收入明细表外，其他企业都选择一般企业收入明细表。

同样“支出明细表”一般也是必填项，除金融企业、事业单位和民间非营利组织外，所有企业都填报一般企业成本支出明细表，金融企业、事业单位和民间非营利组织选择自己对应的支出明细表。

企业在会计年度期间发生的费用，通过期间费用明细表来反应，除了事业单位和民间非营利组织外都需要填报此表。

纳税调整项目明细表（如表9－4所示），可按照“收入类”“扣除类”“资产类”“特殊事项”“特别纳税调整”及“其他”六类分别填报。里面的“账载金额”就是企业会计账上面实际记载的金额，“税收金额”则是按照税收规定计算的金额。因为有些事项会计规定和税法规定有些不同，所以会出现二者不一致的情况。

比如企业的业务招待费，如果账本上记载的是1000元，那么账载金额就是1000元，但是税法规定只能扣除60%，并且还不能超过当年销售收入的5‰，这样税收金额就是600元，剩下的400元就是调增金额。

根据自己企业涉及的纳税调整的项目都填写好后，最后会出现一个合计金额，根据提前计算出来的金额，仔细核对一下看看有没有出入，如果有误看看具体哪项出现错误，找出来修改正确。

对于企业涉及的表单都要相继填写好，并保存。不过，为了方便企业申报汇算清缴，一些地区可能会对需要填写的表单进行简化，比如天津对2019年的汇算清缴进行了简化，规定小型微利企业可以不用填写企业所得税年度纳税申报基础信息表中的“主要股东及分红情况”以及一般企业收入明细表、金融企业收入明细表、一般企业成本支出明细表、金融企业支出明细表、事业单位、民间非营利组织收入、支出明细表、期间费用明细表，这就省事很多。所以，在申报汇算清缴前注意查看一下当地税务局的公告。

将这些表单都填报完成，并确认无误后，你可以选择网上申报、介质申报和手工申报。当然网上申报最省事，申报前还可以进行风险扫描，如果有风险提示，看看具体是什么风险，针对反馈回来的风险进行确认。如果确认不属于填报问题的，可继续确认申报并缴纳税款；如果确实存在问题，那就找到问题进行修改，然后再申报缴纳税款。

如果你以前没有独立完成过汇算清缴，也不用担心，每年年后税务机关部门都会举办汇算清缴的辅导讲座，你打听好时间、地点去参加就行。如果在汇算清缴过程中遇到问题，还可以咨询当地主管税务机关，也可以通过12366服务热线进行咨询。

表 9－3　企业所得税汇算清缴填报表单

表单编号	表 单 名 称	是否填报
A000000	企业所得税年度纳税申报基础信息表	√
A100000	中华人民共和国企业所得税年度纳税申报表（A 类）	√
A101010	一般企业收入明细表	□
A101020	金融企业收入明细表	□
A102010	一般企业成本支出明细表	□
A102020	金融企业支出明细表	□
A103000	事业单位、民间非营利组织收入、支出明细表	□
A104000	期间费用明细表	□
A105000	纳税调整项目明细表	□
A105010	视同销售和房地产开发企业特定业务纳税调整明细表	□
A105020	未按权责发生制确认收入纳税调整明细表	□
A105030	投资收益纳税调整明细表	□
A105040	专项用途财政性资金纳税调整明细表	□
A105050	职工薪酬支出及纳税调整明细表	□
A105060	广告费和业务宣传费等跨年度纳税调整明细表	□
A105070	捐赠支出及纳税调整明细表	□
A105080	资产折旧、摊销及纳税调整明细表	□
A105090	资产损失税前扣除及纳税调整明细表	□
A105100	企业重组及递延纳税事项纳税调整明细表	□
A105110	政策性搬迁纳税调整明细表	□

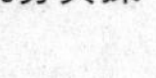

续表

表单编号	表 单 名 称	是否填报
A105120	特殊行业准备金及纳税调整明细表	□
A106000	企业所得税弥补亏损明细表	□
A107010	免税、减计收入及加计扣除优惠明细表	□
A107011	符合条件的居民企业之间的股息、红利等权益性投资收益优惠明细表	□
A107012	研发费用加计扣除优惠明细表	□
A107020	所得减免优惠明细表	□
A107030	抵扣应纳税所得额明细表	□
A107040	减免所得税优惠明细表	□
A107041	高新技术企业优惠情况及明细表	□
A107042	软件、集成电路企业优惠情况及明细表	□
A107050	税额抵免优惠明细表	□
A108000	境外所得税收抵免明细表	□
A108010	境外所得纳税调整后所得明细表	□
A108020	境外分支机构弥补亏损明细表	□
A108030	跨年度结转抵免境外所得税明细表	□
A109000	跨地区经营汇总纳税企业年度分摊企业所得税明细表	□
A109010	企业所得税汇总纳税分支机构所得税分配表	□

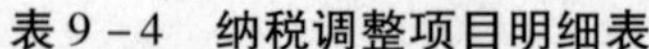

表9－4　纳税调整项目明细表

行次	项　目	账载金额	税收金额	调增金额	调减金额
		1	2	3	4
1	一、收入类调整项目（2＋3＋…8＋10＋11）	*	*		
2	（一）视同销售收入（填写 A105010）	*			*
3	（二）未按权责发生制原则确认的收入（填写 A105020）				
4	（三）投资收益（填写 A105030）				
5	（四）按权益法核算长期股权投资对初始投资成本调整确认收益	*	*	*	
6	（五）交易性金融资产初始投资调整	*	*		*
7	（六）公允价值变动净损益		*		
8	（七）不征税收入	*	*		
9	其中：专项用途财政性资金（填写 A105040）	*	*		
10	（八）销售折扣、折让和退回				
11	（九）其他				
12	二、扣除类调整项目（13＋14＋…24＋26＋27＋28＋29＋30）	*	*		
13	（一）视同销售成本（填写 A105010）	*		*	
14	（二）职工薪酬（填写 A105050）				
15	（三）业务招待费支出				*
16	（四）广告费和业务宣传费支出（填写 A105060）	*	*		
17	（五）捐赠支出（填写 A105070）				
18	（六）利息支出				
19	（七）罚金、罚款和被没收财物的损失		*		*
20	（八）税收滞纳金、加收利息		*		*
21	（九）赞助支出		*		*
22	（十）与未实现融资收益相关在当期确认的财务费用				

续表

行次	项　目	账载金额	税收金额	调增金额	调减金额
		1	2	3	4
23	（十一）佣金和手续费支出（保险企业填写A105060）				
24	（十二）不征税收入用于支出所形成的费用	*	*		*
25	其中：专项用途财政性资金用于支出所形成的费用（填写A105040）	*	*		*
26	（十三）跨期扣除项目				
27	（十四）与取得收入无关的支出		*		*
28	（十五）境外所得分摊的共同支出	*	*		*
29	（十六）党组织工作经费				
30	（十七）其他				
31	三、资产类调整项目（32 +33 +34 +35）	*	*		
32	（一）资产折旧、摊销（填写A105080）				
33	（二）资产减值准备金		*		
34	（三）资产损失（填写A105090）				
35	（四）其他				
36	四、特殊事项调整项目（37 +38 +… +43）	*	*		
37	（一）企业重组及递延纳税事项（填写A105100）				
38	（二）政策性搬迁（填写A105110）	*	*		
39	（三）特殊行业准备金（填写A105120）				
40	（四）房地产开发企业特定业务计算的纳税调整额（填写A105010）	*			
41	（五）合伙企业法人合伙人应分得的应纳税所得额				
42	（六）发行永续债利息支出				
43	（七）其他	*	*		
44	五、特别纳税调整应税所得	*	*		
45	六、其他	*	*		
46	合计（1 +12 +31 +36 +44 +45）	*	*		

第八节　2020 年新出台的企业所得税新政策及解读

2020 年 4 月 23 日，财政部税务总局国家发展改革委联合发布了《关于延续西部大开发企业所得税政策的公告》（财政部公告 2020 年第 23 号）：

自 2021 年 1 月 1 日至 2030 年 12 月 31 日，对设在西部地区的鼓励类产业企业减按 15% 的税率征收企业所得税。

这里的西部地区包括内蒙古自治区、广西壮族自治区、重庆市、四川省、贵州省、云南省、西藏自治区、陕西省、甘肃省、青海省、宁夏回族自治区、新疆维吾尔自治区和新疆生产建设兵团。湖南省湘西土家族苗族自治州、湖北省恩施土家族苗族自治州、吉林省延边朝鲜族自治州和江西省赣州市，可以比照西部地区的企业所得税政策执行。

这又是一个 10 年的优惠政策啊，对于一些收入比较多的企业可以根据自己的实际情况，结合国家的优惠政策可以进行一个长期的布局了，毕竟所得税减免的力度还是很大的，再结合当地的一些其他优惠政策，能省不少钱呢。

虽然国家鼓励开发西部，但不是所有的西部企业都能享受这个优惠，想看看自己的企业能不能享受到这项优惠，要看你企业的主营业务是不是属于“西部地区鼓励类产业目录”中规定的产业项目，如果是，并且主营业务收入占企业收入总额的 60% 以上，那么恭喜你可以享受这项所得税的优惠政策。

2020 年 2 月 6 日，财政部税务总局联合发布了《关于支持新型冠状病毒感染的肺炎疫情防控有关税收政策的公告》（财政部税务总局公告 2020 年第 8 号），里面关于所得税方面的优惠政策主要有：

1. 自2020年1月1日起，允许疫情防控重点保障物资生产企业为扩大产能新购置的相关设备一次性计入当期的成本费用，并在企业所得税税前一次性扣除。

> 能享受这一优惠政策的企业，不需要额外办理相关手续，只需要按照规定归集和留存备查资料就行了，主要包括固定资产购进时点的资料、固定资产记账凭证、核算有关资产税务处理与会计处理差异的台账三类资料。

在享受这个优惠政策前要注意这个前提“疫情防控重点保障物资生产企业”，并且还是“扩大产能新购进相关设备的费用”才能享受到这个优惠政策。当然这些能享受这个优惠政策的企业也不是自己说了就算的，其资格是由省级及省级以上发展改革部门、工业和信息化部门确定的。

以前一次性扣除还要受500万元金额的限制，这次的优惠政策直接没有这个限制了，即便你购买的符合扣除规定的设备单位价值超过了500万元，也能在税前一次性扣除。

能享受这个优惠政策的企业，在填报所得税月（季）度预缴申报时，需要填报固定资产加速折旧（扣除）优惠明细表（A201020），在第4行“二、固定资产一次性扣除”栏目填报相关情况；在进行所得税年度纳税申报时，应在资产折旧、摊销及纳税调整明细表（A105080）第10行“（三）固定资产一次性扣除”栏目填报相关情况。

2. 从2020年1月1日起，那些受疫情影响较大的困难行业，在2020年度发生的亏损，最长结转年限由原来的5年延长至8年。

这里的困难行业，是指交通运输、餐饮、住宿、旅游四大类，其中旅游是指旅行社及相关服务、游览景区管理两类。有的企业不知道自己是不是属于这一行业，也参考《国民经济行业分类》（GB/T 4754—2017）中的行业分类标准进行判定。

当然，不是说你的企业所属的行业在那个分类标准中就能享受到这个优惠政策，还要看你的企业在2020年度的主营业务收入有没有占收入总额（剔除不征税收入和投资收益）的50%以上，只有达到50%以上，才能享受到这个优惠政策。所以，想要享受这一优惠政策的企业，要关注一下企业 2020 年主营业务的占比。

对于那些享受这个优惠政策的企业，在进行 2020 年度的企业所得税汇算清缴时，要通过电子税务局提交“适用延长亏损结转年限政策声明”，只有提交了声明才能享受到这一优惠政策，否则相当于自动放弃了。

在填写“适用延长亏损结转年限政策声明”时，要正确填入纳税人名称、纳税人识别号（统一社会信用代码）、所属的具体行业三项信息，并对其符合政策规定、主营业务收入占比符合要求、勾选的所属困难行业等信息的真实性、准确性、完整性负责。

2020 年 2 月 6 号，财政部税务总局两部门联合发布了《关于支持新型冠状病毒感染的肺炎疫情防控有关捐赠税收政策》（财政部税务总局公告 2020 年第 9 号），里面涉及所得税的优惠政策有：

从 2020 年 1 月 1 日起，企业通过公益性社会组织或县级以上人民政府及其部门等国家机关，捐赠用于应对新型冠状病毒感染的肺炎疫情的现金和物品，以及企业直接向承担疫情防治任务的医院捐赠的用于应对新型冠状病毒感染的肺炎疫情的物品，允许在计算应纳税所得额时全额扣除。

这里的“公益性社会组织”是指依法取得公益性捐赠税前扣除资格的社会组织。对于通过公益组织捐赠的企业，在捐赠时应要求被捐赠方及时开具公益事业捐赠票据，并在票据中注明相关疫情防控捐赠事项。这些票据是以后进行税前抵扣的凭据，所以企业要妥善保管。

如果企业没有通过公益组织，而是自己直接向承担疫情防治任务的医院捐赠了应对疫情的物品，比如口罩、防护服等，那么捐赠企业可根据接收医院开具的捐赠接收函办理税前扣除，所以这个对应医院开具的捐赠接收函，企业要妥善保管并留存。

以往企业的捐赠扣除标准最多不能超过企业年度利润总额的 12%，但是为了应对疫情，已经取消了这个比例的限制，直接可以全额扣除，如果企业有一定的盈利，完全可以通过捐赠少交一些所得税，这样还能博得一个美名，何乐而不为呢？

第十章　消费税涉及的一些问题

第一节　为什么还要缴纳消费税

国家在对货物普遍征收增值税的基础上，又对少数商品加增了消费税，可能有人不明白国家为什么要这样做。

其实，消费税不像增值税那样对所有商品都征税，它只是针对极少数的消费品，像烟酒、奢侈品、成品油等再征收的一种流转税，所以消费税不是人人都需要缴纳的，只有极少数人才需要缴纳。这点可以从消费税纳税人的定义中看出：消费税纳税人是在我国境内生产、委托加工、零售和进口《中华人民共和国消费税暂行条例》规定的应税消费品的单位和个人。

如果你的企业有生产、加工、零售和进口《暂行条例》中规定的应税消费品，这时才需要缴纳消费税。如果没有涉及是不需要缴纳消费税的。《暂行条例》中规定的应税消费品共计15类，具体种类如表10－1：

表10－1　消费税的税目和税率

税　目	税　率
烟	11%～56%，另有从量征收要求
酒及酒精	10%～20%，另有从量征收要求
高档化妆品	15%

续表

税　目	税　率
贵重首饰及珠宝玉石	5%或10%
鞭炮、焰火	15%
成品油	1.2元/升或1.52元/升
摩托车	3%或10%
小汽车	1%~40%
高尔夫球及球具	10%
高档手表	20%
游艇	10%
木制一次性筷子	5%
实木地板	5%
电池	4%
涂料	4%

从表10-1中可以看出，消费税的征收范围主要集中在以下几类商品中：

第一类：非生活必需品甚至是奢侈品，如高档化妆品、高档手表、贵重首饰、高尔夫球、游艇等；

第二类：对人类健康、社会秩序和生态环境有害的商品，如烟、酒、鞭炮、焰火等；

第三类：不可再生资源，如汽油、柴油等；

第四类：高能耗商品，如小汽车、摩托车等。

国家之所以要对这些商品加征消费税，目的就是限制它们的消费，国家想利用经济杠杆从宏观上调节产品结构，从而引导社会消费的方向，当然还有保证国家财政收入的作用，也就是说国家想通过消费税让人们少消费或者不消费那些应税消费品。

第二节　企业应缴纳多少消费税

如果自己的企业需要缴纳消费税，应该怎么计算需要缴纳的消费税呢？我国消费税有三种计税方法：从价计税、从量计税、从价和从量复合计税（简称为复合计税）。应纳税额的计算公式如下：

实行从价计税办法计算的应纳税额 = 销售额 × 比例税率

实行从量计税办法计算的应纳税额 = 销售数量 × 定额税率

实行复合计税办法计算的应纳税额 = 销售额 × 比例税率 + 销售数量 × 定额税率

计算消费税时到底要用哪个公式呢？这主要看你的应税消费品是什么，如果是白酒和卷烟，那就要需要选择复合计税法；如果是啤酒、黄酒、成品油，那就选择从量定额计税去计算应纳消费税额，其他都选择从价计税的方法。

例 1：某企业为增值税一般纳税人，2019 年 12 月销售一批高档化妆品，取得不含税销售额 20 万元；还销售 1 万升的溶剂油，取得不含税销售额 12 万元。则该企业 12 月需要缴纳的消费税是多少？

因为高档化妆品采用从价计税，根据后面的表 10 - 2 查到其适用消费税率为 15%，所以其应纳税额 = 20 × 15% = 30 000（元）；

溶剂油属于成品油的一种，采用从量计税，根据表 10 - 2 查到其税率是 1. 52 元/升，所以其应纳税额 = 10 000 × 1. 52 = 15 200（元）；

所以12月该企业需要缴纳的消费税 = 30 000 + 15 200 = 45 200（元）。

在计算时要注意，这里的销售额是指纳税人销售应税消费品向购买方收取的全部价款和价外费用，不过要记得“全部价款”是不包括增值税税额的。如果价款中含有增值税款，要记得用下面公式去计算消费税的销售额：

应税消费品的计税销售额 = 包含增值税的销售额/（1 + 增值税税率或征收率）

“价外费用”是价款以外的各种费用，包括手续费、补贴、基金、集资费、返还利润、奖励费、违约金（延期付款利息）、包装费、包装物租金、储备费、优质费、运输装卸费、代收款项、代垫款项及其他各种性质的价外费用。

例2：某主要生产粮食白酒和啤酒的酒厂是增值税一般纳税人，2019年12月发生以下业务：

1. 销售粮食白酒10 000千克（即20 000斤），取得不含税销售额35 000元，收取粮食白酒品牌使用费2 034元，收取粮食白酒包装物押金5 424元；

2. 销售乙类啤酒50吨，取得不含税销售额120 000元，收取啤酒包装物押金500元。

则该酒厂12月应缴纳多少消费税?

因为白酒的消费税是复合计税，根据表10－2可知其税率，所以该酒厂销售粮食白酒应纳消费税计算如下：

应纳税额 = 35 000 × 20% + 20 000 × 0.5 + 2034/（1 + 13%）× 20% + 5 424/（1 + 13%）× 20% = 18 320（元）；

因为啤酒实行的是从量计税，根据表10－2可知该酒厂啤

酒的应纳消费税为：

应纳税额 = 50 × 220 = 11 000（元）；

所以，2019 年 12 月该酒厂应纳消费税税额 = 18 320 + 11 000 = 29 320（元）。

表 10 – 2　消费税税目税率详表

<table>
<tr><th rowspan="2">税　目</th><th colspan="3">税　率</th></tr>
<tr><th>生产（进口）环节</th><th>批发环节</th><th>零售环节</th></tr>
<tr><td>一、烟</td><td></td><td></td><td></td></tr>
<tr><td rowspan="2">1. 卷烟
甲类卷烟
乙类卷烟</td><td>56%加0.003元/支</td><td rowspan="2">11%加0.005元/支</td><td rowspan="2"></td></tr>
<tr><td>36%加0.003元/支</td></tr>
<tr><td>2. 雪茄烟</td><td>36%</td><td></td><td></td></tr>
<tr><td>3. 烟丝</td><td>30%</td><td></td><td></td></tr>
<tr><td>二、酒</td><td></td><td></td><td></td></tr>
<tr><td>1. 白酒</td><td>20% 加 0.5 元/500 克（或500毫升）</td><td></td><td></td></tr>
<tr><td>2. 黄酒</td><td>240元/吨</td><td></td><td></td></tr>
<tr><td>3. 啤酒</td><td></td><td></td><td></td></tr>
<tr><td>甲类啤酒</td><td>250元/吨</td><td></td><td></td></tr>
<tr><td>乙类啤酒</td><td>220元/吨</td><td></td><td></td></tr>
<tr><td>4. 其他酒</td><td>10%</td><td></td><td></td></tr>
<tr><td>三、高档化妆品</td><td>15%</td><td></td><td></td></tr>
<tr><td>四、贵重首饰及珠宝玉石</td><td></td><td></td><td></td></tr>
<tr><td>1. 金银首饰、铂金首饰和钻石及钻石饰品</td><td></td><td></td><td>5%</td></tr>
<tr><td>2. 其他贵重首饰和珠宝玉石</td><td>10%</td><td></td><td></td></tr>
<tr><td>五、鞭炮焰火</td><td>15%</td><td></td><td></td></tr>
<tr><td>六、成品油</td><td></td><td></td><td></td></tr>
<tr><td>1. 汽油</td><td>1.52元/升</td><td></td><td></td></tr>
<tr><td>2. 柴油</td><td>1.20元/升</td><td></td><td></td></tr>
<tr><td>3. 航空煤油</td><td>1.20元/升</td><td></td><td></td></tr>
</table>

续表

税　　目	税　　率		
	生产（进口）环节	批发环节	零售环节
4. 石脑油	1.52 元/升		
5. 溶剂油	1.52 元/升		
6. 润滑油	1.52 元/升		
7. 燃料油	1.20 元/升		
七、摩托车			
1. 气缸容量 250 毫升	3%		
2. 气缸容量在 250 毫升（不含）以上	10%		
八、小汽车			
1. 乘用车			
气缸容量在 1.0（含 1.0）升以下的	1%		
气缸容量在 1.0 以上至 1.5（含 1.5）升	3%		
气缸容量在 1.5 以上至 2.0（含 2.0）升	5%		
气缸容量在 2.0 以上至 2.5（含 2.5）升	9%		
气缸容量在 2.5 以上至 3.0（含 3.0）升	12%		
气缸容量在 3.0 以上至 4.0（含 4.0）升	25%		
气缸容量在 4.0 升以上	40%		
2. 中轻型商用客车	5%		
3. 超豪华小汽车	根据子目录征收		10%
九、高尔夫球及球具	10%		
十、高档手表	20%		
十一、游艇	10%		
十二、木制一次性筷子	5%		
十三、实木地板	5%		
十四、电池	4%		
十五、涂料	4%		

第三节　怎么计算委托加工的应税消费品的消费税

有的企业在生产应税消费品过程中，会让别的企业帮自己代加工一些产品，自己将原料和主要材料提供给受托方，受托方帮忙加工，然后收取加工费和代垫部分辅助材料的费用。对于这样的情况，应该怎么缴纳消费税呢？

《消费税暂行条例》规定：委托加工的应税消费品，除受托方为个人外，由受托方在向委托方交货时代收代缴税款。委托加工的应税消费品，委托方用于连续生产应税消费品的，所纳税款准予按规定抵扣。

如果受托方在交货的时候没有代收代缴消费税，那么委托方需要补交税款。到底需要补交多少呢？这个主要分以下两种情况：

1. 委托加工的应税消费品，如果受托方有同类消费品的销售价格，就按照同类价格计算应纳税额，计算公式为：

应纳税额＝同类消费品销售单价×委托加工数量×比例税率

2. 如果委托加工的应税消费品没有同类消费品销售价格，则按组成计税价格计税，计算公式为：

应纳税额＝组成计税价格×比例税率

如果实行从价计税办法纳税的，则组成计税价格计算公式为：

组成计税价格＝（材料实际成本＋加工费）/（1－比例税率）

如果实行的是复合计税办法纳税的，则组成计税价格计算公式为：

组成计税价格＝（材料成本＋加工费＋委托加工数量×定额税率）／（1－比例税率）

例：某烟草企业是增值税一般纳税人，2019年10月购进已税烟丝400万元（不含增值税），委托A企业加工甲类卷烟250箱（250条/箱，200支/条），A企业向烟草企业收取每箱0.1万元的加工费（不含税），当月A企业加工生产出100箱卷烟交给烟草公司。则2019年10月A企业需要代收代缴的消费税是多少？

因为A企业代加工的是卷烟，属于复合计税，所以其应纳消费税税额＝组成计税价格×适用税率＋销售数量×定额税率＝（材料成本＋加工费＋委托加工数量×定额税率）／（1－比例税率）×比例税率＋销售数量×定额税率

从上节的表10－2可知生产甲类卷烟的消费税率是56%，并按0.003元/支加征，因为一支加征0.003元，所以每箱加征的定额税率是250×200×0.003＝150元＝0.015（万元），所以A企业10月应缴纳消费税计算如下：

应纳税额＝（400×100÷250＋0.1×100＋100×0.015）÷（1－56%）×56%＋100×0.015

＝219.77（万元）。

对于委托加工的应税消费品，如果受托方在交货时已经代收代缴消费税，委托方收回后直接销售的，将不再征收消费税；如果委托方销售时的价格高于受托方的计税价格，那么就不属于直接销售，需要按规定申报并缴纳消费税，不过在缴纳税款时扣除委托方已经代收代缴的那部分。

第四节　你会计算进口消费税吗

个人和单位在进口应税消费品时，需要缴纳进口消费税。进口消费税应纳税额的计算主要有以下三种方法：

1. 如果实行的是从价定率办法计税，则计算公式如下：

应纳税额＝组成计税价格×消费税税率

组成计税价格＝（关税完税价格＋关税）÷（1－消费税比例税率）

注意，这里的“关税完税价格”是指海关核定的关税计税价格。

2. 如果是从量定额办法计税，其应纳税额应该按照海关核定的进口数量计征消费税

应纳税额＝应税消费品数量×消费税定额税率

3. 如果实行复合计税办法计税，其应纳税额的计算公式如下：

应纳税额＝组成计税价格×消费税税率＋应税消费品进口数量×消费税定额税额。

组成计税价格＝（关税完税价格＋关税＋进口数量×消费税定额税率）÷（1－消费税比例税率）

例1：2019年12月，某增值税一般纳税人企业从国外进口一批烟丝，境外成交价是100万元，运到我国境内输入点起卸

前运费和保险费共计为 14 万元。A 企业将烟丝从海关监管区运到仓库，又支付 8 万元的运费，并取得货运增值税专用发票。关税税率是 10%，消费税税率为 30%，则该企业 12 月需缴纳进口消费税是多少？

首先计算关税完税价格 = 100 + 14 = 114（万元）；

根据关税税率算出进口关税 = 114 × 10% = 11.4（万元）；

因为进口烟丝实行的是从价定率办法计税，所以该企业的应纳消费税税额应该是：

应纳税额 = 组成计税价格 × 消费税税率

=（关税完税价格 + 关税）÷（1 − 消费税比例税率）× 消费税税率

=（114 + 11.4）÷（1 − 30%）× 30%

= 53.74（万元）。

第五节　消费税的征收管理

消费税纳税义务发生的时间主要分为以下几种：

一、纳税人销售的应税消费品跟采取的结算方式有关，具体又分为以下 4 种：

1. 如果纳税人采取赊销或分期收款的结算方式，则纳税义务发生时间为销售合同约定的收款日期的当天；如果书面合同没有约定收款日期或者无书面合同的，则纳税义务时间为发出应税消费品的当天；

2. 如果纳税人采取的是预收货款的结算方式，则纳税义务时间为发出应税消费品的当天；

3. 如果纳税人采取的是托收承付和委托银行的收款方式，则纳税义务时间为发出应税消费品并办妥托收手续的当天。

4. 如果纳税人采取的是其他结算方式，则纳税义务时间为收讫销售款或取得索取销售款凭据的当天。

二、纳税人自产自用的应税消费品，其纳税义务发生时间为移送使用的当天。

三、纳税人委托加工的应税消费品，其纳税义务发生时间为纳税人提货的当天。

四、纳税人进口的应税消费品，其纳税义务发生时间为纳税人提货的当天。

消费税纳税地点主要分为以下四种情况：

1. 如果是纳税人销售的应税消费品，以及自产自用的应税消费品，除国务院另有规定外，应当向纳税人机构所在地或居住地的主管税务机关申报纳税。

2. 如果是纳税人委托加工的应税消费品，除委托个人加工以外，由受托方向所在地主管税务机关代收代缴消费税税款；如果是委托个人加工的应税消费品，由委托方向其机构所在地或者居住地主管税务机关申报纳税。

3. 进口的应税消费品，由进口人或者其代理人向报关地海关申报纳税。

4. 纳税人到外县（市）销售或者委托外县（市）代销自产应税消费品的，应该在应税消费品销售后，向机构所在地或者居住地主管税务机关申报纳税。

消费税的纳税期限为1日、3日、5日、10日、15日、1个月或1个季度，具体期限由主管税务机关核定。对于不能按照固定日期纳税的，可按次纳税。

纳税人以1个月或1个季度为1个纳税期限的，自期满之日起15日内申报纳税；以其他期限纳税的，自期满之日起5日内预缴税款，并于次月1日至15日内申报纳税，并结清上月税款。

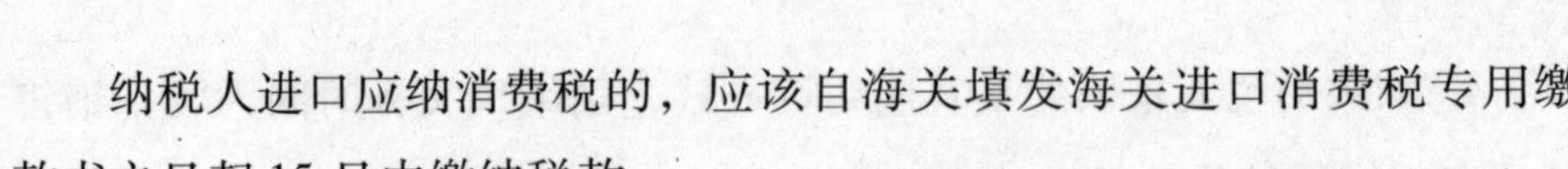

纳税人进口应纳消费税的，应该自海关填发海关进口消费税专用缴款书之日起15日内缴纳税款。

第六节　2020年出台的消费税最新优惠政策及解读

2020年2月6日财政部税务总局联合发布《关于支持新型冠状病毒感染的肺炎疫情防控有关捐赠税收政策的公告》（财政部税务总局公告2020年第9号），其中第三条是：

单位和个体工商户将自产、委托加工或购买的货物，通过公益性社会组织和县级以上人民政府及其部门等国家机关，或者直接向承担疫情防治任务的医院，无偿捐赠用于应对新型冠状病毒感染的肺炎疫情的，免征增值税、消费税、城市维护建设税、教育费附加、地方教育费附加。

这个优惠政策从2020年1月1日起施行，截止时间根据疫情情况另行通知。对于可以享受这个优惠政策的纳税人，可以直接进行免税申报，不用办理相关免税备案的手续。纳税人在办理消费税纳税申报时，需要将免税金额填写在消费税纳税申报表及本期减（免）税额明细表相应栏次，然后将相关证明材料留存备查即可。

A企业是上海一家生产汽车的企业，2020年5月向黑龙江一家疫情防治定点医院捐赠了一批中轻型商用客车用于防疫工作，那么根据上面的公告A企业捐赠的这批客车不仅可以免征增值税，还可以免征消费税及其附加。

该企业申报5月消费税时，只要将相应的免征金额填写到消费税纳税申报表及本期减（免）税额明细表相应的栏次就能享受到这个免征优惠政策，当然A企业还要把捐赠中轻型商用

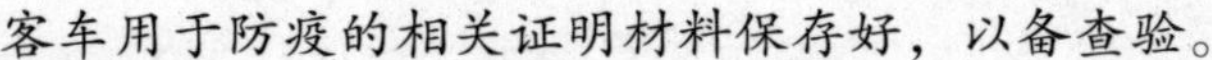

可能有的纳税人在这个公告发出之前，已经将本来可以免征消费税的进行了纳税申报，对于这样的情况，纳税人可以选择更正当期申报或在下期申报时调整。对于已经缴纳的本应免征消费税的税款，可以退还或抵减以后的税款。

企业捐赠的货物能不能享受到免征消费税的优惠政策，主要注意以下几点：

1. 捐赠的货物是不是属于消费税征税的范围；

2. 捐赠是不是无偿的；

3. 捐赠的货物是不是用于应对新型冠状病毒感染的肺炎疫情的；

4. 是不是通过公益性社会组织或县级以上人民政府及其部门等国家机关，或者直接向承担疫情防治任务的医院捐赠的；

5. 捐赠的时间是不是在 2020 年 1 月 1 日后，到国家正式公告的日期之前。

如果同时满足以上五点，那么该企业捐赠的货物就能享受到免征消费税的优惠政策。

第十一章　其他税种的纳税实操

第一节　关税税额的正确计算

关税是指海关根据其国家的法律法规，对通过该国关境的进出口货物所征收的一种税收，包括进口关税和出口关税。

关税也是一种税，其作用有好有坏。好的方面是：通过征收关税可以维护该国主权和该国的经济利益；可以增加国家财政收入；可以保护和促进该国工农业生产的发展。

虽然关税有好的方面，但是关税最后还是要消费者来承担，这加重了消费者的负担；此外，如果想通过关税过分保护本国企业反倒会影响世界贸易；另外，如果保护不当，还会引起与世界贸易伙伴之间的矛盾，就像中美之间的贸易摩擦一样，对双方都不好。

一、纳税人

关税的纳税人为准许进口货物的收货人，准许出口货物的发货人，以及准许进出境物品的所有人。进口货物及进境物品需要缴纳进口关税，出口货物及出境物品需要缴纳出口关税。

二、征税对象

关税的征税对象是准许进出口的各种货物和进出境物品，其中货物是指贸易性商品；物品是指入境旅客随身携带的行李物品、个人邮递物品、各种运输工具上的服务人员携带进口的自用物品、馈赠物品以及其他方式进境的个人物品。

注意：2020年版《中华人民共和国进出口税则》最惠国税率、进口暂定税率、协定税率和特惠税率，在2019年版《中华人民共和国进出口税则》的基础上已经进行了调整。

三、关税税额的计算

关税税款的计算有好几种方法，具体如下：

1. 从价税

从价税是以进出口货物的价格为标准来计征关税的，需注意这里的价格不是成交价而是进出口商品的完税价格（完税价格 = 成交价格 + 运费 + 保险费 + 其他费用），其计算公式如下：

应纳税额 = 应税进出口货物数量 × 单位完税价格 × 适用税率

例：中国内地某公司向中国香港购进日本某品牌轿车，成交价格合计为 FOB 香港 60 000 美元，支付运费 3 000 美元，保险费用1 000美元，海关填发税款缴纳书当天的外汇中间价是 1美元 =6. 7752 元，适用税率是 25%，则该企业应该缴纳的进口关税为：

完税价格 =60 000 +3 000 +1 000 =64 000 （美元）

将外币折算成人民币 =64 000 ×6. 7752 =433 612. 8 （元）

应纳税额 =433 612. 8 ×25% =108 403. 2 （元）。

2. 从量税

从量税是根据商品的数量、重量、容量、长度和面积等计量单位为标准来征收关税的（如果计量单位与计税单位不同，应该换算成计税单位），其计算公式如下：

应纳税额=应税进口货物数量×关税单位税额

3. 复合税

复合税也叫混合税，是对进口商品既征从量关税又征从价关税的一种办法，不过通常以从量为主，再加征从价税，其计算公式如下：

应纳税额=应税进口货物数量×关税单位税额+应税进口货物数量×单位完税价格×适用税率

4. 滑准税

滑准税是一种变化的税，其关税的税率随着进口商品价格的变动而反方向变动，也就是说价格越高，税率则越低，实行滑准税率的进口货物，应纳关税税额的计算方法与从价计税的计算方法一样。

5. 特别关税

特别关税是为了应对个别国家或地区对我国出口货物的歧视而设置的。如果有国家或地区对进口原产于我国的货物征收歧视性关税或者给予其他歧视性待遇，那么，我国海关可以对原产于该国或者地区的进口货物征收特别关税。

特别关税的类型有报复性关税、反倾销税与反补贴税、保障性关税，其计算公式分别如下：

特别关税=关税完税价格×特别关税税率

进口环节消费税=进口环节消费税完税价格×进口环节消费税税率

进口环节消费税完税价格=（关税完税价格+关税+特别关税）/（1-进口环节消费税税率）

进口环节增值税=进口环节增值税完税价格×进口环节增值税率

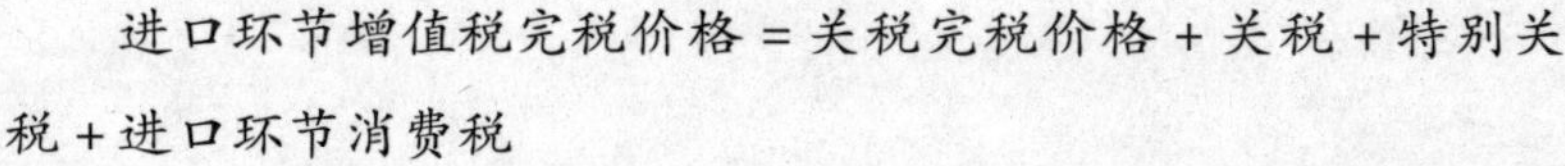

进口环节增值税完税价格 = 关税完税价格 + 关税 + 特别关税 + 进口环节消费税

四、征收管理

按照相关规定，关税应当在按照进出口货物通关规定向海关申报之后、海关放行之前一次性缴纳。由进出口货物的收发货人或者他们的代理人，在海关填发税收缴款书之日起 15 日之内，向指定银行缴纳税款，然后由海关办理结关放行手续。

逾期缴纳的，除了追缴应纳税款之外，海关还按规定征收关税滞纳金，滞纳金每天按关税税款的 5‰征收，周末或法定节假日不予扣除。具体计算公式为：

关税滞纳金金额 = 滞纳关税税额 × 5‰ × 滞纳天数

当然遇到特殊情况（如易腐、急需、有关手续无法立即办结等），海关可以在提取货样、收取保证金或者接受纳税人提供的其他担保之后，先办理放行货物的手续，后办理征纳关税的手续。

进出口货物的收发货人或者他们的代理人，如果发现海关多征税款的，可以从缴纳税款之日起 1 年之内，要求海关退还，逾期海关不予受理。

五、最新政策

2020 年 4 月 14 日，财政部、海关总署、国家税务总局三部门发布《关于扩大内销选择性征收关税政策试点的公告》，公告中决定从 2020 年 4 月 15 日起将《财政部 海关总署 国家税务总局关于扩大内销选择性征收关税政策试点的通知》（财关税〔2016〕40 号）中规定的内销选择性征收关税政策试点，扩大到所有综合保税区。这一政策将进一步减少企业的税收负担。

第二节　资源税最新的税目与税率

资源税是对自然资源征税的税种的总称，是指在中华人民共和国领域和管辖的其他海域开采应税矿产品和生产盐的单位和个人，就其应税资源税数量征收的一种税。

2019年《中华人民共和国资源税法》正式通过，并于2020年9月1日起正式施行，1993年颁布的《中华人民共和国资源税暂行条例》同时废止。

一、纳税人

资源税的纳税人是在中华人民共和国领域和中华人民共和国管辖的其他海域开发应税资源的单位和个人。

二、税目和税率

2020年9月1日起实施的最新“资源税税目税率”表如表11－1所示：

表11－1　2020年9月1日起实施的最新“资源税税目税率表”

税目		征税对象	税率
能源矿产	原油	原矿	6%
	天然气、页岩气、天然气水合物	原矿	6%
	煤	原矿或者选矿	2%～10%
	煤成（层）气	原矿	1%～2%
	铀、钍	原矿	4%
	油页岩、油砂、天然沥青、石煤	原矿或者选矿	1%～4%
	地热	原矿	1%～20%或1～30元/m^3

续表

税　目			征税对象	税率
金属矿产	黑色金属	铁、锰、铬、钒、钛	原矿或选矿	1%～9%
	有色金属	铜、铅、锌、锡、镍、锑、镁、钴、铋、汞	原矿或选矿	2%～10%
		铝土矿	原矿或选矿	2%～9%
		钨	选矿	6.5%
		钼	选矿	8%
		金、银	原矿或选矿	2%～6%
		铂、钯、钌、锇、铱、铑	原矿或选矿	5%～10%
		轻稀土	选矿	7%～12%
		中重稀土	选矿	20%
		铍、锂、锆、锶、铷、铯、铌、钽、锗、镓、铟、铊、铪、铼、镉、硒、碲	原矿或选矿	2%～10%
非金属矿产	矿物类	高岭土	原矿或选矿	1%～6%或每吨（或每立方米）1～10元
		石灰岩	原矿或选矿	1%～6%
		磷	原矿或选矿	3%～8%
		石墨	原矿或选矿	3%～12%
		萤石、硫铁矿、自然硫	原矿或选矿	1%～8%
		天然石英砂、脉石英、粉石英、水晶、工业用金刚石、蓝晶石等	原矿或选矿	1%～12%
		叶腊石、硅灰石、透辉石、珍珠岩、云母、沸石、重晶石、毒重石、方解石、蛭石、石膏等	原矿或选矿	2%～12%
		其他黏土	原矿或选矿	1%～5%或每吨（或每立方米）0.1～5元
	岩石类	大理岩、花岗岩、白云岩、石英岩、砂岩、辉绿岩、安山岩、闪长岩、板岩、玄武岩、片麻岩、角闪岩、页岩、浮石、凝灰岩等	原矿或选矿	1%～10%
		砂石	原矿或选矿	1%～5%或每吨（或每立方米）0.1～5元
	宝玉石类	宝石、玉石、宝石级金刚石、玛瑙、黄玉、碧玺	原矿或选矿	4%～20%

续表

税目		征税对象	税率
水气矿产	二氧化碳、硫化氢气、氦气、氡气	原矿	2%～5%
	矿泉水	原矿	1%～20%或每立方米1～30元
盐	钠盐、钾盐、镁盐、锂盐	选矿	3%～15%
	天然卤水	原矿	3%～15%或每吨（或每立方米）1～10元
	海盐	—	2%～5%

三、资源税额的计算

资源税额的计算要根据“资源税税目税率表”实行从价计征或从量计征，“资源税税目税率表”中规定可以选择实行从价计征或者从量计征的，具体计征方式由省、自治区、直辖市人民政府提出，报同级人民代表大会常务委员会决定，并报全国人民代表大会常务委员会和国务院备案。

实行从价计征的，应纳税额按照应税资源产品的销售额乘以具体适用税率计算。实行从量计征的，应纳税额按照应税产品的销售数量乘以具体适用税率计算。

如果纳税人开采或生产不同税目的应税产品，应当分别核算不同税目应税产品的销售额或者销售数量；未分别核算或者不能准确提供不同税目应税产品的销售额或者销售数量的，将采取从高适用税率。

纳税人开采或者生产应税产品自用的，应当依照本法规定缴纳资源税；但是，自用于连续生产应税产品的，不缴纳资源税。

注意：应税产品为矿产品的，包括原矿和选矿产品。

例：某油田2020年10月销售原油10 000吨，取得不含税销售额2 000万元，根据资源税法原油的适用税率为6%，计算该油田2020年10月份需要缴纳的资源税。

应缴纳资源税＝2 000×6%＝160（万元）。

四、资源税的减免

免征资源税的情况：

1. 开采原油以及在油田范围内运输原油过程中用于加热的原油、天然气。

2. 煤炭开采企业因安全生产需要抽采的煤成（层）气。

减征资源税的情况：

1. 从低丰度油气田开采的原油、天然气，减征百分之二十资源税。

2. 高含硫天然气、三次采油和从深水油气田开采的原油、天然气，减征百分之三十资源税。

3. 稠油、高凝油减征百分之四十资源税。

4. 从衰竭期矿山开采的矿产品，减征百分之三十资源税。

对于有下列情形的，省、自治区、直辖市可以决定免征或者减征资源税：

1. 纳税人开采或者生产应税产品过程中，因意外事故或者自然灾害等原因遭受重大损失。

2. 纳税人开采共伴生矿、低品位矿、尾矿。

五、征收管理

新税法规定资源税纳税人可以选择按月或按季申报缴纳，不能按固定期限计算缴纳的，可以按次申报缴纳。选择按月或者按季缴纳的，应当自月度或者季度终了之日起十五日内，向税务机关办理纳税申报并缴纳税款；按次申报缴纳的，应当自纳税义务发生之日起十五日内，向税务机关办理纳税申报并缴纳税款。

第三节　如何申报环境保护税

环境保护税是指向在中华人民共和国领域和中华人民共和国管辖的

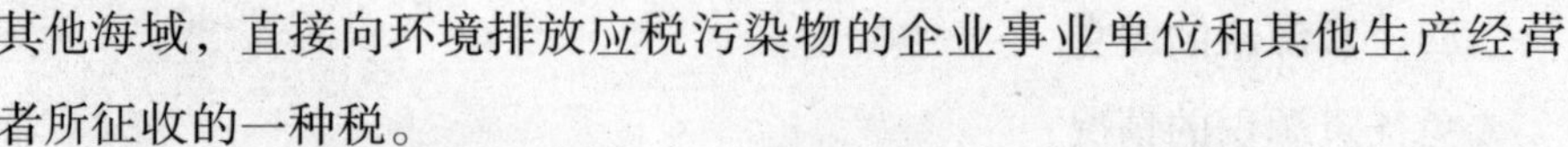

其他海域，直接向环境排放应税污染物的企业事业单位和其他生产经营者所征收的一种税。

从环境保护税的定义可以看出，环保税不是所有企业都缴纳的，那些不直接向环境排放应税污染物的，不需要缴纳环境保护税；并且居民个人也不属于纳税人，不用缴纳环境保护税。

一、纳税人和征税对象

环境保护税的纳税人是在中国领域和中国管辖的其他海域，直接向环境排放应税污染物的企业事业单位和其他生产经营者。

环境保护税的征税对象是大气污染物、水污染物、固体废物和噪声等4类应税污染物。具体应税污染物依据税法所附“环境保护税目税额表”“应税污染物和当量值表”的规定执行。

二、税目税额

环境保护税税目税额表如表11－2所示：

表11－2　环境保护税税目税额表

<table>
<tr><th colspan="2">税目</th><th>计税单位</th><th>税额（元）</th></tr>
<tr><td colspan="2">大气污染物</td><td>每污染当量</td><td>1.2～12</td></tr>
<tr><td colspan="2">水污染物</td><td>每污染当量</td><td>1.4～14</td></tr>
<tr><td rowspan="4">固体废物</td><td>煤矸石</td><td>每吨</td><td>5</td></tr>
<tr><td>尾矿</td><td>每吨</td><td>15</td></tr>
<tr><td>危险废物</td><td>每吨</td><td>1000</td></tr>
<tr><td>冶炼渣、粉煤灰、炉渣、其他固体废物（含半固态、液态废物）</td><td>每吨</td><td>25</td></tr>
<tr><td rowspan="6">噪声</td><td rowspan="6">工业噪声</td><td>超标1～3分贝</td><td>每月350</td></tr>
<tr><td>超标4～6分贝</td><td>每月700</td></tr>
<tr><td>超标7～9分贝</td><td>每月1 400</td></tr>
<tr><td>超标10～12分贝</td><td>每月2 800</td></tr>
<tr><td>超标13～15分贝</td><td>每月5 600</td></tr>
<tr><td>超标16分贝以上</td><td>每月11 200</td></tr>
</table>

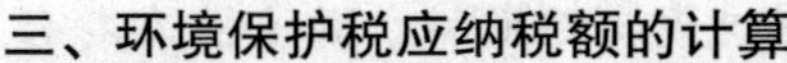

三、环境保护税应纳税额的计算

环境保护税主要按照污染物排放量来计征，根据税法的规定，应税污染物的计税依据按照下面的方法来确定：

1. 应税大气污染物按照污染物排放量折合的污染当量数确定。

2. 应税水污染物按照污染物排放量折合的污染当量数确定。

3. 应税固体废物按照固体废物的排放量确定。

4. 应税噪声按照超过国家规定标准的分贝数确定。

应税大气污染物、水污染物的污染当量数，以该污染物的排放量除以该污染物的污染当量值计算。每种应税大气污染物、水污染物的具体污染当量值，应该按照《中华人民共和国环境保护法》所附的“应税污染物和当量值表”去执行。

对于应税污染物排放值的计算，税法规定应税大气污染物、水污染物、固体废物的排放量和噪声的分贝数，应按照下面的方法和顺序计算：

1. 纳税人安装使用符合国家规定和监测规范的污染物自动监测设备的，按照污染物自动监测数据计算。

2. 纳税人未安装使用污染物自动监测设备的，按照监测机构出具的符合国家有关规定和监测规范的监测数据计算。

3. 因排放污染物种类多等原因不具备监测条件的，按照国务院环境保护主管部门规定的排污系数、物料衡算方法计算。

4. 不能按照本条第一项至第三项规定的方法计算的，按照省、自治区、直辖市人民政府环境保护主管部门规定的抽样测算的方法核定计算。

环境保护税应纳税额的计算方法如下：

1. 应税大气污染物的应纳税额为污染当量数乘以具体适用税额。

2. 应税水污染物的应纳税额为污染当量数乘以具体适用税额。

3. 应税固体废物的应纳税额为固体废物排放量乘以具体适用税额。

4. 应税噪声的应纳税额为超过国家规定标准的分贝数对应的具体适用税额。

例：某企业2020年7月份产生尾矿300吨，该企业在符合国家和地方环境保护标准的设施中储存了50吨，那么该企业7月尾矿应缴纳的环境保护税的应纳税额 =（300 - 50）×15 = 3 750（元）。

四、环境保护税的减免

环境保护税免征情况：

1. 农业生产（不包括规模化养殖）排放应税污染物的。

2. 机动车、铁路机车、非道路移动机械、船舶和航空器等流动污染源排放应税污染物的。

3. 依法设立的城乡污水集中处理、生活垃圾集中处理场所排放相应应税污染物，不超过国家和地方规定的排放标准的，如果超标，需要缴环保税。

4. 纳税人综合利用的固体废物，符合国家和地方环境保护标准的。

5. 国务院批准免税的其他情形。

环境保护税减税情况：

1. 纳税人排放应税大气污染物或者水污染物的浓度值低于国家和地方规定的污染物排放标准百分之三十的，减按百分之七十五征收环境保护税。

2. 纳税人排放应税大气污染物或者水污染物的浓度值低于国家和地方规定的污染物排放标准百分之五十的，减按百分之五十征收环境保护税。

五、征收管理

1. 环境保护税纳税义务时间为纳税人排放应税污染物的当日。

2. 环境保护税按月计算，按季申报缴纳，如果不能按固定期限计算缴纳的，可以按次申报缴纳。

3. 按季申报缴纳的，应自季度终了之日起十五日内，向税务机关办理纳税申报并缴纳税款；按次申报缴纳的，应自纳税义务发生之日起十五日内，向税务机关办理纳税申报并缴纳税款。

4. 当前环境保护税采取的是核定征收，纳税人应填写“环境保护税基础信息采集表”和“环境保护税纳税申报表（B类）”，向主管税务机关如实办理纳税申报。首次申报或基础信息发生变化时，纳税人需要先填写“环境保护税基础信息采集表”表头信息；非首次申报或基础信息未发生变化的，可直接填写“环境保护税纳税申报表（B类）”。

第四节 怎么计算城镇土地使用税

城镇土地使用税是指国家在城市、县城、建制镇、工矿区范围内，对使用土地的单位和个人，以其实际占用的土地面积为计税依据，按照规定的税额计算征收的一种税。

一、纳税人

1. 拥有土地使用权的单位和个人。

2. 拥有土地使用权的单位和个人不在土地所在地的，其土地的实际使用人和代管人为纳税人。

3. 土地使用权未确定的或权属纠纷未解决的，其实际使用人为纳税人。

4. 土地使用权共有的，共有各方都是纳税人，由共有各方分别纳税。

二、征税范围

城镇土地使用税的征税范围：城市、县城、建制镇和工矿区的国家所有、集体所有的土地。

三、应纳税额的计算

城镇土地使用税是以纳税人实际占用的土地面积为计税依据，土地面积的计量标准是每平方米，纳税人实际占用的土地面积根据以下方法

计算:

1. 由省、自治区、直辖市人民政府确定的单位组织测定土地面积的，以测定的面积为准。

2. 尚未组织测量，但纳税人持有政府部门核发的土地使用证书的，以证书确认的土地面积为准。

3. 尚未核发出土地使用证书的，应由纳税人申报土地面积，据以纳税，待核发土地使用证以后再作调整。

这里需要注意：税务机关不能核定纳税人实际使用的土地面积。

城镇土地使用税采用的是定额税率，根据大、中、小城市和县城、建制镇、工矿区各不相同，具体如表 11 -3 所示：

表 11 -3　城镇土地使用税定额税率表

级别	税额（元/m^2）
大城市	1.5 ~30
中等城市	1.2 ~24
小城市	0.9 ~18
县城、建制镇、工矿区	0.6 ~12

城镇土地使用税应纳税额的计算公式为：

城镇土地使用税应纳税额 = 实际占用应税土地面积 × 适用税额

例：某企业在 A 市占用土地面积 2 000 平方米，经税务机关核定该企业所在地为应税土地，每平方米年税额为 15 元，则该企业全年应缴纳的城镇土地使用税为：

应纳税额 =2 000 ×15 =30 000（元）

四、最新减免政策

2020 年 3 月 25 日，财政部、国家税务总局发布公告：从 2020 年 1

月1日起至2022年12月31日止，对物流企业自有（包括自用和出租）或承租的大宗商品仓储设施用地，减按所属土地等级适用税额标准的50%计征城镇土地使用税。

注意：物流企业是指至少从事仓储或运输一种经营业务，为工农业生产、流通、进出口和居民生活提供仓储、配送等第三方物流服务，实行独立核算、独立承担民事责任，并在工商部门注册登记为物流、仓储或运输的专业物流企业。

对于已经缴纳的应予减征的税款，在纳税人以后应缴税款中抵减或者予以退还。

五、征收管理

纳税时间：

1. 纳税人新征用的耕地，自批准征用之日起满一年时开始缴纳城镇土地使用税。

2. 纳税人新征用的非耕地，自批准征用次月起开始缴纳城镇土地使用税。

3. 纳税人购置新建商品房，自房屋交付使用之次月起计征城镇土地使用税。

4. 纳税人购置存量房，自办理房屋权属转移、变更登记手续，房地产权属登记机关签发房屋权属证书的次月起计征城镇土地使用税。

5. 纳税人出租、出借房产，自交付出租、出借房产的次月起就要计征城镇土地使用税。

城镇土地使用税由土地所在地的税务机关征收，采用按年计算、分期缴纳的征收办法，具体缴纳期限由省、自治区、直辖市人民政府确定。

为了减少纳税申报次数，方便纳税人，税务总局于2019年修订了城镇土地使用税和房产税的申报表，纳税人只需要填写“城镇土地使用税房产税纳税申报表”“城镇土地使用税房产税减免税明细申报表”“城镇土地使用税房产税税源明细表”三张表格就行了。

第五节　房产税怎么征收

房产税是以房屋为征税对象，根据房屋的计税余值或租金收入，向产权所有人征收的一种财产税。

一、纳税人

凡是在计征范围内拥有房屋产权的单位和个人就是房产税的纳税义务人，具体如下：

1. 产权属于国家的，经营管理单位为纳税人；产权属于集体和个人的，集体和个人为房产税的纳税人。

2. 产权出典的，承典人为纳税人。

3. 产权所有人、承典人不在房产所在地的，或者产权未确定及租典纠纷未解决的，房产代管人或者使用人为纳税人。

4. 纳税单位和个人无租使用房产管理部门、免税单位及纳税单位的房产，应由使用人代为缴纳房产税。

5. 外商投资企业和外国企业、外籍个人、海外华侨、港澳台同胞所拥有的房产不征收房产税。

二、征税对象

房产税的征税对象是房产。所谓房产，是指有屋面和围护结构，能够遮风避雨，可供人们在其中生产、学习、工作、娱乐、居住或储藏物资的场所。不过独立于房屋的建筑物如围墙、暖房、水塔、烟囱、室外游泳池等不属于房产，但室内游泳池属于房产。

对于房地产开发企业建造的商品房，在售出前，不征收房产税；但对售出前房地产开发企业已使用或出租、出借的商品房应按规定征收房产税。

三、应纳税额计算

房产税的征收标准采用从价计征和从租计征两种：

1. 从价计征：其计税依据是房产原值一次减去10% ~30%后的余值，扣除比例由各省、自治区、直辖市人民政府决定。

采用从价计征房产税的，其年税率是1.2%，所以

应纳税额=房产原值×（1-10%或30%）×税率（1.2%）

2. 从租计征：其计税依据是房产租金的收入。

采用从租计征房产税的，其税率是12%，所以应纳税额=房产租金收入×税率（12%）

注意：

个人按市场价格出租的居民住房，不区分用途，按租金收入的4%税率征收房产税。

个人出租不属于住房的房屋，并且不用于居住的，按租金收入的12%税率征收房产税。

对企事业单位、社会团体以及其他组织按市场价格向个人出租用于居住的住房，减按4%的税率征收房产税。

例：某企业向个人出租房屋两套，共获得年租金5万元，这两套房子都是用来居住的，则该企业应缴纳的房产税为：

应纳税额=50 000×4%=2 000（元）。

四、征收管理

房产税纳税义务发生时间如下：

1. 纳税人将原有房产用于生产经营的，从生产经营之月起，开始缴纳房产税。

2. 纳税人自行新建房屋用于生产经营，从建成之次月起，开始缴纳房产税。

3. 纳税人委托施工企业建设的房屋，从办理验收手续之次月起，缴

纳房产税。

4. 纳税人购置新建商品房的，自房屋交付使用之次月起，缴纳房产税。

5. 纳税人购置存量房，自办理房屋权属转移、变更登记手续，房地产权属登记机关签发房屋权属证书之次月起，缴纳房产税。

6. 纳税人出租、出借房产，自交付出租、出借房产之次月起，缴纳房产税。

7. 房地产开发企业自用、出租、出借该企业建造的商品房，自房屋使用或交付之次月起，缴纳房产税。

房产税采取按年计算、分期缴纳的征收办法，具体缴纳期限由省、自治区、直辖市人民政府确定。

房产税在房产所在地缴纳，对于房产不在同一地方的纳税人，应根据房产所在地分别向当地税务机关缴纳。

五、最新政策

《中华人民共和国房产税暂行条例》中规定，对于纳税确有困难的纳税人，可由省、自治区、直辖市人民政府确定，定期减征或者免征房产税。如果纳税人因为一些特殊事件导致出现纳税困难的，可以根据当地的有关规定申请房产税减免，具体办理可以向当地主管税务机关咨询。

2020 年，因为受新冠肺炎疫情的影响，很多地方都推出了税收优惠政策，各企业可向当地税务部门咨询。

第六节　土地增值税的计算方法

土地增值税是指转让国有土地使用权、地上的建筑物及其附着物并取得收入的单位和个人，就其转让所取得的增值额征收的一种税。

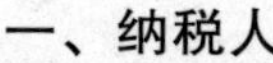

一、纳税人

土地增值税的纳税人是转让国有土地使用权及地上建筑物和其他附着物产权并取得收入的单位和个人。

其征收对象是转让国有土地使用权、地上的建筑物及其附着物所取得的增值额。增值额是指纳税人转让房地产的收入（包括货币收入、实物收入和其他收入）减去法定扣除项目金额后的剩余部分。

二、征税范围

土地增值税的征收范围较广，整理如表 11－4 所示：

表 11－4 土地增值税征收范围

具体事项		是否征税
出让国有土地使用权		不征税
继承		不征税
出租		不征税
转让国有土地使用权		征税
转让地上建筑物及其他附着物产权		征税
被兼并企业将房地产转让到兼并企业		免征
房地产企业代建房		不征税
房地产的重新评估增值		不征税
赠予	直系亲属或者承担直接赡养义务人	不征税
	通过中国境内非营利的社会团体、国家机关将房屋产权、土地使用权赠予教育、民政和其他社会福利、公益事业	不征税
合作建房	建成自用的	免征
	建成后转让的	征税
房地产互换	个人之间互换自由住房	免征
	其他	征税
房地产抵押	在抵押期间	不征税
	抵押期满用房地产抵债的	征税
投资联营	一方以土地作价入股进行投资或者作为联营条件的	免征
	如果投资联营的企业从事房地产开发，或者房地产开发企业以其建造的商品房进行投资联营的	征税

三、应纳税额计算

在计算土地增值税时，因为实行的是四级超率累进税率，所以要先通过计算找到对应的税率，具体步骤如下：

1. 计算增值额，增值额 = 房地产转让收入 - 扣除项目金额；

2. 计算增值率，增值率 = 增值额/扣除项目金额 ×100%；

3. 根据土地增值税率表，选择适用的税率和速算扣除系数，如表 11 -5所示；

表 11 -5　不同级的税率和速算扣除系数

级数	增值额与扣除项目金额的比例	税率	速算扣除系数
1	不超过 50% 的部分	30%	0
2	超过 50% 到 100% 的部分	40%	5%
3	超过 100% 到 200% 的部分	50%	15%
4	超过 200% 的部分	60%	35%

4. 土地增值税的计算公式是：

应纳税额 = 增值额 × 适用税率 - 扣除项目金额 × 速算扣除系数

具体应纳税额的计算如下：

当增值额没有超过扣除项目金额的 50% 时，税率为 30%，土地增值税税额 = 增值额 ×30%；

当增值额超过扣除项目金额 50%、未超过扣除项目金额 100% 时，税率为 40%，土地增值税税额 = 增值额 ×40% - 扣除项目金额 ×5%；

当增值额超过扣除项目金额 100%、未超过扣除项目金额 200% 时，税率为 50%，土地增值税税额 = 增值额 ×50% - 扣除

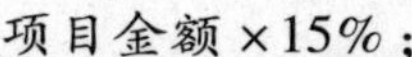

项目金额×15%；

当增值额超过扣除项目金额200%时，税率为60%，土地增值税税额=增值额×60%－扣除项目金额×35%。

这里的5%、15%、35%为速算扣除系数。

例：某企业出售一办公楼，取得房地产转让收入2 200万元，该办公楼的开发成本及相关费用共计700万元，则该企业需要缴纳的土地增值税应该是多少？

增值额=2 200－700=1 500（万元）

增值率=1 500/700×100%=214%

因为214%>200%，所以使用税率为60%，所以

土地增值税税额=1 500×60%－700×35%=655（万元）。

四、征收管理

土地增值税的纳税时间是转让房地产合同签订后的7日内，到房地产所在地主管税务机关办理纳税申报，并向税务机关提交房屋及建筑物产权、土地使用权证书，土地转让、房产买卖合同，房地产评估报告及其他与转让房地产有关的资料。

如果纳税人转让的房地产分别坐落在两个或以上地区的，那么应该按房地产所在地分别进行纳税申报。

第七节 耕地占用税的征收范围

当占用耕地建房或从事其他非农业建设时，需要缴纳耕地占用税，耕地占用税设置的目的是保护农用耕田。

一、纳税人

耕地占用税的纳税人是占用耕地建房或从事非农业建设的单位和个人。具体可分为三类：

1. 企业、行政单位、事业单位。
2. 乡镇集体企业、事业单位。
3. 农村居民和其他公民。

二、征收范围

耕地占用税的征收范围是纳税人为建房或从事其他非农业建设而占用的国家所有和集体所有的耕地。这里的耕地是指种植农业作物的土地，包括菜地、园地。其中，园地又包括花圃、苗圃、茶园、果园、桑园和其他种植经济林木的土地。并且如果占用鱼塘或其他农用土地建房或从事其他非农业建设的，也视同占用耕地，需缴纳耕地占用税。

三、应纳税额计算

耕地占用税采用的是定额税率，以纳税人实际占用的耕地面积为计税依据，其应纳税额的计算公式为：

应纳税额 = 实际占用耕地面积（平方米）×适用定额税率

因为我国人口和耕地资源分布不均，并且各地区之间经济发展水平差距较大，所以耕地占用税的定额税率根据所在地区不同采用了不同的税率，分为以下四级：

1. 在人均耕地不超过 1 亩[①]的地区（以县级行政区域为单位，下同），每平方米为 10 ~ 50 元。
2. 在人均耕地超过 1 亩但没超过 2 亩的地区，每平方米为 8 ~ 40 元。
3. 在人均耕地超过 2 亩但不超过 3 亩的地区，每平方米为 6 ~ 30 元。
4. 在人均耕地超过 3 亩以上的地区，每平方米 5 ~ 25 元。

---

① 1 亩 = 666.67 平方米。

对于一些经济特区、经济技术开发区和经济发达、人均耕地特别少的地区，可以适当提高适用税额，但最多不得超过上述规定税额的50%。以下是各省、自治区、直辖市耕地占用税的平均税额，如表11－6所示：

表11－6　全国各地耕地占用税的平均税额

地区	每平方米平均税额（元）
上海	45
北京	40
天津	35
江苏、浙江、福建、广东	30
辽宁、湖北、湖南	25
河北、安徽、江西、山东、河南、重庆、四川	22.5
广西、海南、贵州、云南、山西	20
山西、吉林、黑龙江	17.5
内蒙古、西藏、甘肃、青海、宁夏、新疆	12.5

例：河北某市一家企业占用 2 000m^2 的耕地建设厂房，该地使用的耕地定额税率是 30 元/m^2，则该企业应该缴纳的耕地占用税为：

应纳税额＝2 000×30＝60 000（元）

四、征收管理

耕地占用税由税务机关负责征收。纳税义务发生时间是纳税人收到自然资源主管部门办理占用耕地手续的书面通知的当日，纳税人应该在纳税义务发生之日起30日内申报缴纳耕地占用税。

第八节　契税的征收对象

契税是指土地、房屋的产权发生转移变动时，按产价的一定比例向新业主（产权承受人）所征收的一次性税收。

一、纳税人

契税的纳税人是在我国境内转移土地、房屋权属，承受的单位和个人。

二、征税对象

契税的征税对象，主要包括以下5类：

1. 国有土地使用权的出让，其契税是应由承受方交纳，并以成交价格为计税依据计算契税税额。

2. 土地使用者通过出售、赠予、交换或者其他的方式将土地的使用权转移给其他单位和个人，由承受方缴纳契税。

3. 房屋买卖，也就是以货币为媒介，过渡房屋所有权的交易行为。此外还有几种特殊行为也视同买卖房屋：

（1）以房产抵债或实物交换房屋时，按房屋现值由产权承受人缴纳契税。

（2）以房产作投资或股权转让时，如果是用自有房产入股，投入本人独资经营的企业，则免征契税。

（3）买房拆料或翻建新房时，需缴纳契税。

4. 房屋赠予，是指房屋产权所有者将房屋无偿转让给他人，这时虽然赠予方不需缴纳土地增值税，但承受方需缴纳契税。

5. 房屋交换，是指房屋所有者相互交换房屋的行为。对于一些特殊形式转移土地、房屋权属的，将视为土地使用权转让、房屋买卖或房屋赠予，根据具体问题分析是否缴纳契税。

三、应纳税额计算

契税采取的是比例税率，其计算公式为：

应纳税额 = 计税依据 × 税率

虽然契税的计算很简单，但是其计税依据是不动产的价格，因为土地、房屋权属转移方式不同，采用的定价方法也不同，所以计税依据只能视具体情况而定：

1. 国有土地使用权出让、土地使用权出售、房屋买卖，成交价格为计税依据。

2. 土地使用权发生赠予、房屋赠予，由征收机关参照土地使用权出售、房屋买卖的市场价格核定。

3. 土地使用权交换、房屋交换，为所交换的土地使用权、房屋的价格差额。如果等价交换，则免征契税；如果交换价格不等，则由多交付的一方缴纳契税。

4. 以划拨方式取得土地使用权，在转让房地产时，由房地产转让者补缴契税，计税依据是补交的土地使用权出让费用或土地收益。

契税的税率在3% ~5%的范围内，各省、自治区、直辖市人民政府可以在这一范围内根据当地的实际情况进行调整。

例：河北省某居民购买一套90平方米以下的住房，并且是家中唯一普通住宅，成交价格是120万元，则其应该缴纳的契税为：

在河北省如果购买90平方米及以下且家庭唯一普通住宅，契税按1%税率征收，所以该居民需要缴纳的契税 = 120 × 1% =1.2（万元）。

四、征收管理

契税的征收单位是地方税务局。纳税义务发生时间为纳税人签订土地、房屋权属转移合同的当天，或者纳税人取得其他具有土地、房屋权属转移合同性质凭证的当天。纳税人应当在纳税义务发生之日起10日内向土地、房屋所在地的征收部门办理纳税申报，并及时缴纳税款。

纳税人缴纳完契税后，会获得征收机关开具的契税完税凭证，纳税人持这个凭证和其他文件去土地管理部门、房产管理部门办理土地、房屋的权属变更登记手续。

五、最新政策

2020年2月，湖北省政府发布了《湖北省防控新型冠状病毒感染肺炎疫情财税支持政策》，其中对各地购买房屋、土地用于疫情防控的按规定免征契税。

第九节　车船税的计算及缴纳

车船税，是以车船为征税对象，对在中华人民共和国境内的车辆、船舶的所有人或者管理人所征收的一种财产税。

一、纳税人和征收范围

车船税的纳税人是指在中华人民共和国境内的车辆、船舶的所有人或者管理人。

车辆、船舶的征收范围是指依法在我国车船管理部门登记的车船，具体如下：

1. 依法在我国车船管理部门登记的机动车辆和船舶。

2. 依法不需要在我国车船管理部门登记、在单位内部场所行驶或者作业的机动车辆和船舶。

二、税目税额

车船税实行的是定额税率，也就是按固定的税额征税，但具体税额每个地区各不相同，由省、自治区、直辖市人民政府根据《中华人民共和国车船税法》所附的“车船税税目税额表”规定的税额确定，比如2020年1.0升以下车辆的税额北京的是每年250元，安徽的则是180元，而广西的则是60元。

虽然每个地方的车船税额都不同，但是它们制定的原则是一样的，那就是：非机动车船税负低于机动车船税负；人力车税负低于畜力车税负；小吨位船舶税负低于大船舶税负，如表11－7所示。

表11－7　车船税的税目税额表

车船类型	税目	计税单位	年基准税额（元）	备注
乘用车［按发动机气缸容量（排气量）分档］	1.0L（含）以下的	每辆	60～360	核定载客人数9人（含）以下
	1.0L以上1.6L（含）的		300～540	
	1.6L以上2.0L（含）的		360～660	
	2.0L以上2.5L（含）的		660～1 200	
	2.5L以上3.0L（含）的		1 200～2 400	
	3.0L以上4.0L（含）的		2 400～3 600	
	4.0L以上		3 600～5 400	
商用车	客车	每辆	4 800～1 440	核定载客人数9人（含）以上
	货车	整备质量每吨	16～120	1. 包括半挂牵引车、挂车、客货两用汽车、三轮汽车和低速载货车等。 2. 挂车按照货车税额的50%计算
其他车辆	专用作业车	整备质量每吨	16～120	不包括拖拉机
	轮式专用机械车		16～120	不包括拖拉机
摩托车	—	每辆	36～180	—
船舶	机动船舶	净吨位每吨	3～6	拖船、非机动驳船分别按照机动船舶税额的50%计算；游艇的税额另行规定
	游艇	艇身长度	600～2 000	—

三、应纳税额的计算及缴纳

因为车船税跟车船所在地和车船的种类有关，所以计算应纳车船税税额时应根据当地的“车船税税目税额表”进行计算。

车船税按年计征，纳税人可在规定的申报纳税期限内一次性缴纳全年税款。对于新购置的车船，其应纳税额自纳税义务发生的当月起按月计算，公式为：

应纳税额＝（年应纳税额/12）×应纳税月份数

应纳税月份数＝12－纳税义务发生时间（取月份）＋1

例：2020年3月，北京王先生购买了一辆排量1.0L的机动车，其应纳车船税额为：

应纳税额＝250/12×（12－3＋1）＝208.33（元）。

车船税的纳税地点是车船的登记地或车船税扣缴义务人所在地，对那些不需办理登记的车船，也需要在车船所有人或管理人所在地纳税。纳税人可通过保险机构代收代缴车船税，也可自行向税务局缴纳。目前98%的纳税人选择代收代缴，需要自行缴纳的纳税人也可以通过电子税务局或手机App网上办理。

纳税人可以通过网上缴纳或申请退车船税。纳税人可以通过登录本地税务局官网申请纳税，选择“我要办税”，点击“税费申报及缴纳”，再选择“其他申报”，然后选择“车船税申报”，点击完成车船税的纳税申报。

如果想要网上办理退税，先选择“我要办税”，进入“一般退（抵）税管理”，再选择“车船税退抵税”，即可办理退税。

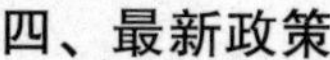

四、最新政策

因为2020年新冠肺炎疫情的影响，对那些按照各级应对疫情工作领导小组及应急指挥部安排，参与疫情防控的医疗卫生机构和物流企业车辆，免征2020年度的车船税。具体的免征企业和机构的名单，由各级应对疫情工作领导小组办公室及应急指挥部或当地牵头，负责应对疫情工作后勤保障的部门提供。

对于符合免征条件却已缴纳2020年度车船税的，原则上在下一年度应缴车船税中抵减。不过如果因为车辆报废、转让等特殊原因，导致在下一年度无须再缴车船税或应缴车船税不足抵减的，可向税务部门申请退还多缴的税款。

第十节　怎么缴纳车辆购置税

在我国境内购买了应税车辆的单位或个人需要缴纳车辆购置税。

一、纳税人

车辆购置税的纳税人是在我国境内购置了汽车、有轨电车、汽车挂车、排气量超过150mL的摩托车的单位和个人。

这里的购置是指购买、进口、自产、受赠、获奖或其他方式取得并自用的行为；单位是指国有企业、集体企业、私营企业、股份制企业、外商投资企业、外国企业以及其他企业，事业单位、社会团体、国家机关、部队以及其他单位；个人是指个体工商户、中国公民及外国公民。

二、征收范围

车辆购置税的征收范围包括汽车、摩托车、电车、挂车、农用运输车，具体征收范围如表11－8所示：

表 11－8 车辆购置税的征收范围

汽车	包括各类汽车
摩托车	1. 轻便摩托车：最高设计时速不大于 50km/h，发动机气缸总排量不大于 50mL 的两个或三个车轮的机动车； 2. 两轮摩托车：最高设计车速大于 50km/h，或发动机气缸总排量大于 50mL 的两个车轮的机动车； 3. 三轮摩托车：最高设计车速大于 50km/h，发动机气缸总排量大于 50mL，空车质量不大于 400kg 的三个车轮的机动车
电车	1. 无轨电车：以电能为动力，由专用输电电缆供电的轮式公共车辆； 2. 有轨电车：以电能为动力，在轨道上行驶的公共车辆
挂车	1. 全挂车：无动力设备，独立承载，由牵引车辆牵引行驶的车辆； 2. 半挂车：无动力设备，与牵引车共同承载，由牵引车辆牵引行驶的车辆
农用运输车	1. 三轮农用运输车：柴油发动机，功率不大于 7.4kW，载重量不大于 500kg，最高车速不大于 40km/h 的三个车轮的机动车； 2. 四轮农用运输车：柴油发动机，功率不大于 28kW，载重量不大于 1 500kg，最高车速不大于 50km/h 的四个车轮的机动车

三、应纳税额计算

我国车辆购置税实行从价定率的办法计算应纳税额，其税率统一按照 10% 征税，其计算公式是：

应纳税额＝计税价格×税率

计税价格具体包括哪些，跟消费者购买的是国产车还是进口车有关：

1. 如果消费者购买的是国产车且自用，则应税车辆的计税价格为消费者实际支付给经销商的全部价款，不过增值税税款除外。

因为机动车销售专用发票中购车价包含了增值税，所以在计算车辆购置税时，需先刨去增值税税款，所以计算公式为：

计税价格＝全部价款/（1＋增值税税率）

例 1：小王 2020 年 2 月购买一辆小轿车，其机动车销售统一发票上的购车价是16.95万元，则小王需要缴纳的车辆购置税应该是：

应纳车辆购置税税额 = 计税价格 × 税率 = 16.95/（1 + 13%）×10% =1.5（万元）。

2. 如果消费者购买的是进口车且自用，那么计算公式为：

应税车辆的计税价格 = 关税完税价格 + 关税 + 消费税

例2：李先生从境外购买一辆小汽车，用于自用，“海关进口关税专用缴款书”上注明关税完税价格为35万元，进口时缴纳关税8.75万元，缴纳消费税14.5万元。则李先生需要缴纳的车辆购置税为：

应纳税额 =（35 +8.75 +14.5）×10% =5.825（万元）。

3. 如果纳税人自产自用，那么应税车辆的计税价格将按照同类应税车辆的销售价格确定，不包含增值税税款。

4. 如果纳税人是通过受赠、获奖或其他方式取得的自用应税车辆，其计税价格应该按照购置该车时相关凭证载明的价格确定购置税，不包括增值税税款。

四、征收管理

车辆购置税是一次性征收的，对已经缴纳车辆购置税的车辆不再额外征收车辆购置税，不过对于那些免税条件消失的车辆，应该按照相关规定及时缴纳车辆相应税款。

购置应税车辆的纳税人，应向当地车辆登记地的主管税务机关申报并缴纳车辆购置税；如果购置了不需要办理车辆登记的应税车辆，应当向纳税人所在地的主管税务机关申报并缴纳税款。

纳税人在购置应税车辆的当天就是车辆购置税纳税义务发生的时间，

纳税人应该在之后的60天内及时缴纳税款。

五、免税政策

1. 外国驻华使馆、领事馆和国际组织驻华机构及其有关人员自用车辆，免征车辆购置税。

2. 中国人民解放军和中国人民武装警察部队列入装备订货计划的车辆，免征车辆购置税。

3. 悬挂应急救援专用号牌的国家综合性消防救援车辆，免征车辆购置税。

4. 设有固定装置的非运输专用作业车辆，免征车辆购置税。

5. 城市公交企业购置的公共汽电车辆，免征车辆购置税。

六、最新政策

为了支持新能源汽车产业的发展，我国继续对新能源汽车实行免征车辆购置税的优惠政策，具体政策如下：

1. 从2021年1月1日至2022年12月31日，对购置的新能源汽车免征车辆购置税。这里能享受免征政策的新能源汽车是指纯电动汽车、插电式混合动力（含增程式）汽车、燃料电池汽车。

2. 到底哪些新能源汽车属于免征车辆，可以通过工业和信息化部、税务总局发布《免征车辆购置税的新能源汽车车型目录》（以下简称《目录》）进行查看。对于已经在《目录》中的新能源汽车生产企业或进口经销商在上传“机动车整车出厂合格证”或进口机动车“车辆电子信息单”时，在“是否符合免征车辆购置税条件”字段标注“是”（即免税标识）。

3. 2020年12月31日前已列入《目录》的新能源汽车免征车辆购置税政策继续有效。

第十一节 怎么计算企业的印花税

印花税得名于在应税凭证上粘贴印花税票，它是对经济活动和经济交往中书立、领受具有法律效力的凭证的行为所征收的一种税。

一、纳税人

印花税的纳税人是在中华人民共和国境内书立、领受《中华人民共和国印花税暂行条例》所列举凭证的单位和个人，具体包括：立合同人、立据人、立账簿人、领受人、使用人。

二、征收范围

印花税的征收有明确的规定，只对《中华人民共和国印花税暂行条例》中所列举的凭证征收，没有列举的将不征收印花税。具体征收范围如下：

1. 购销、加工承揽、建设工程承包、财产租赁、货物运输、仓储保管、借款、财产保险、技术合同或者具有合同性质的凭证。

2. 产权转移书据。

3. 营业账簿。

4. 权利、许可等证照。

5. 经财政部确定征税的其他凭证。

三、应纳税额计算

印花税根据纳税凭证的性质不同有比例税率或按件定额计算两种，具体税率、税额按下面的印花税税目税率表执行，如表 11－9 所示：

表 11-9　印花税税目税率表

税　目	范　　围	税　　率	纳税人
购销合同	包括供应、预购、采购、购销结合及协作、调剂等合同	购销金额的 0.3‰贴花	立合同人
加工承揽合同	包括加工、定作、修缮、修理、印刷、广告、测绘、测试等合同	加工或承揽收入 0.5‰贴花	立合同人
建设工程勘察设计合同	包括勘察、设计合同	收取费用 0.5‰贴花	立合同人
建筑安装工程承包合同	包括建筑、安装工程承包合同	承包金额 0.3‰贴花	立合同人
财产租赁合同	包括租赁房屋、船舶、飞机、机动车辆、机械、器具、设备等合同	租赁金额 1‰贴花。税额不足 1 元，按 1 元贴花	立合同人
货物运输合同	包括民用航空运输、铁路运输、海上运输、内河运输、公路运输和联运合同	运输费用 0.5‰贴花	立合同人
仓储保管合同	包括仓储、保管合同	仓储保管费用 0.1%贴花	立合同人
借款合同	银行及其他金融组织和借款人	借款金额 0.05‰贴花	立合同人
财产保险合同	包括财产、责任、保证、信用等保险合同	保险费收入 1‰贴花	立合同人
技术合同	包括技术开发、转让、咨询、服务等合同	所载金额 0.3‰贴花	立合同人
营业账簿	对记载资金的营业账簿征收印花税，对其他营业账簿不征收印花税	实收资本（股本）和资本公积的 0.25‰贴花	立账簿人
产权转移书据	包括财产所有权和版权、商标专用权、专利权、专有技术使用权、土地使用权出让合同、商品房销售合同等	所载金额 0.5‰贴花	立据人
权利、许可等证照	包括政府部门发给的不动产权证书、营业执照、商标注册证、专利证书	每件 5 元	领受人

对于按照比率税率征收印花税的，其应纳税额的计算公式是：

应纳税额 = 应纳税凭证记载的金额（费用、收入额）× 适用税率

印花税的应纳税额不足一角的，免纳印花税；如果应纳税额在一角以上的，其税额尾数不满五分的不计，满五分的按一角计算缴纳。

对于实行按件定额征收印花税的，其应纳税额的计算公式是：

应纳数额 = 应纳税凭证的件数 × 适用税额标准

例：A 企业 2019 年 12 月份发生以下几项业务：跟 B 企业签订采购合同 1 份，合同金额为 200 万元；跟 C 企业签订技术转让合同 1 份，合同金额是 100 万元；跟 D 企业签订加工合同 1 份，合同金额是 200 万元；当月 A 企业签订销售合同 5 份，金额合计为 300 万元。则 12 月份，A 企业应缴纳的印花税合计为：

应纳印花税税额 = （200 + 300 + 100） × 0.3‰ + 200 × 0.5‰ = 2 800 （元）。

四、征收管理

纳税人应当在书立、领受各项应纳税凭证时贴花完税，完税地点一般实行就地纳税。印花税的纳税期限是在印花税应税凭证书立、领受时。对于实行印花税汇总缴纳的单位，缴款期限最长不得超过一个月。如果纳税人是按季度申报纳税的，应当在每个季度终了的 10 日内向所在地税务局报送“印花税纳税申报表”或“监督代表报告表”。对于只办理税务注册登记的机关、团体、部队、学校等印花税纳税单位，可在次年一月底前到当地税务机关申报上年税款。

对于应税凭证较少或贴花次数较少的纳税人，可自行贴花缴纳；对

于应纳税额较大或贴花次数较多的纳税人，可采用汇贴汇缴的方式；纳税人也可通过税务机关的委托，经由发放或者办理应税凭证的单位代为征收印花税税款。

五、最新政策

为了支持小微企业、个体工商户和农户的惠普金融服务，财政部税务总局联合发布了《关于延续实施普惠金融有关税收优惠政策的公告》，明确规定“对金融机构与小型企业、微型企业签订的借款合同免征印花税”这一优惠政策将继续延续，直到2023年12月31日。

第十二节　城市维护建设税及教育费附加的征收

城市维护建设税简称城建税，是为了加强城市的建设，维护城市建设资金来源而设置的一种税。城建税、教育费附加和地方教育费附加都是一种附加税，是对从事经营活动，缴纳增值税和消费税（以下简称“两税”）的单位和个人所征收的一种税。

一、纳税人

城建税、教育费附加和地方教育费附加的纳税人是指缴纳“两税”的单位和个人。

二、征收范围

城建税的征收范围包括城市、县城、建制镇以及税法规定征税的其他地区。教育费附加和地方教育费附加的征费范围与增值税、消费税的征收范围相同。

三、应纳税额计算

城建税、教育费附加和地方教育费附加都是以增值税和消费税为基础的一种附加税，所以计算公式为：

应纳税额＝（增值税＋消费税）×适用税率

城建税的税率根据纳税人所在的位置不同，共有三档：在市区的，适用税率是7%；在县城和镇的，适用税率是5%；在乡村的，适用税率是1%。对于不在城市市区、县城、建制镇的大中型工矿企业，其适用税率也是1%。

教育费附加的计征比率是3%，地方教育费附加计征比率统一为2%。

例：A市某企业2020年3月份缴纳增值税10 000元，缴纳消费税20 000元，则该企业3月份缴纳的附加税为：

应纳城建税税额＝（10 000＋20 000）×7%＝2 100（元）

应纳教育费附加＝（10 000＋20 000）×3%＝900（元）

应纳地方教育费附加＝（10 000＋20 000）×2%＝600（元）

所以3月该企业缴纳的附加税＝2 100＋900＋600＝3 600（元）。

四、征收管理

这三种在增值税、消费税征收基础上征收的附加税，其纳税期限和纳税地点与“两税”相同。以1日、3日、5日、10日、15日或一个月为期的“两税”纳税人，在预缴“两税”时，预缴相应的附加税。

五、最新政策

2020年因为新冠肺炎疫情的影响，国家出台了减免增值税的优惠政策：

1. 自2020年3月1日至5月31日，对湖北省增值税小规模纳税人，适用3%征收率的应税销售收入，免征增值税；适用3%预征率的预缴增值税项目，暂停预缴增值税。

自2020年3月1日至5月31日，除湖北省外，其他省、自治区、直辖市的增值税小规模纳税人，适用3%征收率的应税销售收入，减按1%征收率征收增值税。

2. 从2020年1月1日起，纳税人因运输疫情防控重点保障物资所取得的收入，将免征增值税。

3. 从2020年1月1日起，纳税人提供公共交通运输服务、生活服务及居民必需生活物资快递收派服务所取得的收入，将免征增值税。

4. 从2020年1月1日起，单位和个体工商户将自产、委托加工或购买的货物无偿捐赠用来应对疫情的，将免征增值税、消费税。

对于以上享受免征增值税的企业，将免征城市维护建设税、教育费附加、地方教育费附加。

第十三节　个人所得税的优惠政策

个人所得税是国家对本国公民、居住在本国境内的个人所得和境外个人来源于本国的所得为征收对象而征收的一种所得税。

一、纳税人

个人所得税的纳税人是在中国境内居住并有所得的人，以及不在中国境内居住而从中国境内取得所得的个人，包括中国境内居民，在我国境内取得收入的外籍人员和香港特区、澳门特区和台湾同胞。

根据个人所得税纳税人不同，可将其分为居民纳税义务人和非居民纳税任务人：

居民纳税义务人是指在我国境内有住所，或无住所而在境内居住满1年的个人，居民纳税义务人负有无限纳税的义务，其在中国境内和境外取得的所得，都要缴纳个人所得税。

非居民纳税义务人是指在我国境内无住所又不居住，或无住所而在境内居住不满1年的个人，非居民纳税义务人承担有限纳税义务，仅就其从我国境内取得的收入缴纳个人所得税。

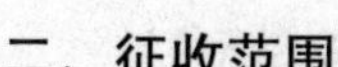

二、征收范围

个人所得税的征收范围是个人所得，具体包括以下 9 类：

1. 工资、薪金所得。
2. 劳务报酬所得。
3. 稿酬所得。
4. 特许权使用费所得。
5. 经营所得。
6. 利息、股息、红利所得。
7. 财产租赁所得。
8. 财产转让所得。
9. 偶然所得。

个人所得包括现金、实物、有价证券和其他形式的经济利益。居民个人取得上面所得的第 1 ~4 项所得（简称综合所得），按纳税年度合并计算个人所得税；而非居民个人取得的第 1 ~4 项所得，按月或按次分项计算个人所得税。

纳税人取得上面所得的第 5 ~9 项所得，按《中华人民共和国个人所得税法》中的规定分别计算个人所得税。

三、应纳税额计算

因个人所得的收入类型及数额不同，采用不同的税率：

1. 对于个人综合所得，采用的是 3% ~45% 的超额累进税率（税率表如表 11 –10 所示）。

2. 对于个人经营所得，采用的是 5% ~35% 的超额累进税率（税率表如表 11 –11 所示）。

3. 对于个人利息、股息、红利所得，财产租赁所得，财产转让所得和偶然所得，采用的是比例税率，税率统一为 20% 。

表 11－10　个人所得税税率和速算扣除数表（适用综合所得）

级数	全月应纳税所得额	税率	速算扣除数
1	不超过 3 000 元的	3%	0
2	超过 3 000 元至 12 000 元的部分	10%	210 元
3	超过 12 000 元至 25 000 元的部分	20%	1 410 元
4	超过 25 000 元至 35 000 元的部分	25%	2 660 元
5	超过 35 000 元至 55 000 元的部分	30%	4 410 元
6	超过 55 000 元至 80 000 元的部分	35%	7 160 元
7	超过 80 000 元的部分	45%	15 160 元

表 11－11　个人所得税税率表（适用于经营所得）

级数	全年应纳税所得额	税率
1	不超过 30 000 元的	5%
2	超过 30 000 元至 90 000 元的部分	10%
3	超过 90 000 元至 300 000 元的部分	20%
4	超过 300 000 元至 500 000 元的部分	30%
5	超过 500 000 元的部分	35%

个人所得税应纳税额的计算具体分为以下几种：

1. 居民个人综合所得应纳税额的计算

应纳税额＝应纳税所得额×适用税率－速算扣除数

因个人所得的来源不同，其应纳税所得额计算方法不同。

居民工资、薪金的应纳税所得额＝每月收入－5 000（免征额）－专项扣除（三险一金等）－专项附加扣除－依法确定的其他扣除

例1：居民王某2019年每月取得工资10 000元，每月专项扣除1 000元，享受专项附加扣除1 500元，其他收入没有，则2019年王某每月预扣预缴的个人所得税额为：

王某每月应纳税所得额＝10 000－5 000－1 000－1 500＝2 500（元），根据上面的表1可知王某每月需缴纳的个人所得税＝2 500×3%＝75（元）。

劳务报酬所得的应纳税所得额＝每次收入－800元或每次收入×（1－20%）（劳务报酬按次预缴，每次收入不足4 000元的，直接扣除800元，每次收入在4 000元以上的，扣除收入的20%）

居民个人劳务报酬按次预缴，超过一定额度有加成征收，其个人所得税预扣率表如表11－12：

表11－12　个人所得税预扣率表

级数	预扣预缴应纳税所得额	预扣率	速算扣除数
1	不超过20 000元	20%	0
2	超过20 000元至50 000元的部分	30%	2 000元
3	超过50 000元的部分	40%	7 000元

例2：李某一次性取得表演收入30 000元，则其需要预缴个人所得税税额为：

因为李某取得的劳务报酬超过了4 000元，所以其应纳税所得额＝30 000×（1－20%）＝24 000（元），根据表11－12可知李某应纳税额＝24 000×30%－2 000＝5 200（元）。

> 劳务报酬所得、稿酬所得、特许权使用费所得以收入减除百分之二十的费用后的余额为收入额。稿酬所得的收入额减按百分之七十计算。

2. 经营所得应纳税额的计算

应纳税额＝全年应纳税所得额×适用税率－速算扣除数

或者也可这样计算：（全年收入总额－成本、费用以及损失）×适用税率－速算扣除数

3. 财产租赁所得应纳税额的计算

应纳税额＝应纳税所得额×适用税率

财产租赁的适用税率是20%，不过个人按市场价格出租居民住房获得的所得，减按10%的征收率征收。

4. 财产转让所得应纳税额的计算

应纳税额＝应纳税所得额×适用的税率＝（收入总额－财产原值－合理税费）×20%

5. 利息、股息、红利所得和偶然所得应纳税额的计算

应纳税额＝每次收入额×20%

这里需注意：根据股票持股时间的长短个人所得税有所减免，当持股在1个月以内时，需要全额缴纳个人所得税；当持股时间在1个月至1年时，个税减按50%；当持股时间在1年以上时，免个人所得税。

例3：孙某于2019年11月20日购买某上市公司股票6 000股，2019年12月15日该公司执行每10股送3股的方式，该公司股票面值每股1.2元，则上市公司需代扣代缴孙某个人所得税为：

应纳税额 = 6 000 ÷ 10 × 3 × 1.2 × 20% = 432（元）。

四、征收管理

个人所得税实行税源扣缴和自行申报并用的征收方式。

居民个人取得的综合所得，按年计算个人所得税；如果有扣缴义务人，则扣缴义务人按月或按次预缴税款；对于需要汇算清缴的纳税人，应该在次年3月1日到6月30日内办理。

非居民个人取得工资、薪金所得，劳务报酬所得，稿酬所得和特许权使用费所得，有扣缴义务人的，由扣缴义务人按月或者按次代扣代缴税款，不办理汇算清缴。

纳税人取得的经营所得，按年计算个人所得税，由纳税人在月度或者季度终了后15日内向税务机关报送纳税申报表，并预缴税款；在取得所得的次年3月31日前办理汇算清缴。

纳税人取得利息、股息、红利所得，财产租赁所得，财产转让所得和偶然所得，按月或者按次计算个人所得税，有扣缴义务人的，由扣缴义务人按月或者按次代扣代缴税款。

《中华人民共和国个人所得税税法》规定，有下列情形的纳税人应当依法办理纳税申报：

1. 取得综合所得需要办理汇算清缴。
2. 取得应税所得没有扣缴义务人。
3. 取得应税所得，扣缴义务人未扣缴税款。
4. 取得境外所得。
5. 因移居境外注销中国户籍。
6. 非居民个人在中国境内从两处以上取得工资、薪金所得。
7. 国务院规定的其他情形。

《中华人民共和国个人所得税法实施条例》规定，取得综合所得的纳税人在下列情况下需要办理个人所得税的汇算清缴：

1. 从两处以上取得综合所得，且综合所得年收入额减除专项扣除的余额超过6万元。

2. 取得劳务报酬所得、稿酬所得、特许权使用费所得中一项或者多项所得，且综合所得年收入额减除专项扣除的余额超过6万元。

3. 纳税年度内预缴税额低于应纳税额。

4. 纳税人申请退税。

个人所得税申报纳税地点一般是收入来源地的税务机关，但是纳税人同时在两处取得工资、薪金所得的，可选择其中的一处的税务机关申报纳税。

选择自行申报个人所得税的纳税人，现在除湖北省以外都可以通过手机、网页、邮递等方式进行申报，现在只要在手机下载“个人所得税”App就行，然后按照要求填报，上传就行，非常方便。

在下载个税App时要注意从税务局官方网站上扫码下载，或者在正规手机应用商店下载，以免给自己带来未知的风险。

五、最新政策

2020年因为新冠肺炎疫情带来的突发影响，国家财政部、税务总局发布了一些有关个税的优惠政策，现总结如下：

1. 从2020年1月1日起，参加疫情防治工作的医务人员和防疫工作者取得的政府规定标准的疫情防治临时性工作补助和奖金，将免征个人所得税。

2. 从2020年1月1日起，单位给个人发放的预防新型冠状病毒感染肺炎的药品、医疗用品和防护用品等实物（不包括现金），将不计入工资、薪金收入，免征个人所得税。

3. 从2020年1月1日起，个人通过公益性社会组织或县级以上人民政府及其部门等国家机关，捐赠用于应对疫情的现金和物品，允许在计算个人所得税税前全额扣除。

4. 从2020年1月1日起，个人直接向承担疫情防治任务的医院捐赠用于应对疫情的物品，允许在计算个人所得税税前全额扣除。

例4：石家庄某医院医生，在2020年2月被派到武汉市参加疫情防治工作，2月份医院根据政府规定标准给该医生发放了临时性工作补助1 500元，还发了1 000元的奖金，另外单位还给该医生发放了价值1 500元的口罩等防护物资。根据财政部发放的公告，该医生取得4 000元收入不计入工资薪金收入中，免征个人所得税。

例5：某企业员工小张，2020年2月向当地某公益性社会组织捐赠了5 000元现金用于疫情的防控。根据财政部下发的文件，小张捐赠的5 000元现金在计算个人所得税时可全额扣除。小张取得的是工资、薪金所得，可以在预扣预缴时全额扣除，也可以在年度汇算清缴时全额扣除。

如果小张选择在预扣预缴时扣除，那么他应该向单位财务人员提供自己捐款合法凭证的复印件，单位财务人员在扣缴客户端填报时，进入“收入及减除填写”“正常工资薪金所得”，然后选择“本期其他”，在准予扣除的捐赠额中填写“5 000元”即可。

第十四节　烟叶税应纳税额

烟叶税是以纳税人收购烟叶的收购金额为计税依据所征收的一种税，这里的烟叶是指晾晒烟叶、烤烟叶。

一、纳税人

烟叶税的纳税人是在我国境内根据规定收购烟叶的单位。

二、征收范围

烟叶税的征收范围是晾晒烟叶、烤烟叶。

三、应纳税额计算

目前烟叶税实行的是按照比例税率，税率是20%，其应纳税额是纳税人收购烟叶时实际支付的价款总额乘以税率，计算公式为：

应纳税额＝收购烟叶实际支付的价款总额×税率

烟叶收购方在收购烟叶的时候不仅要支付正常的收购价，还要支付一部分的价外补贴。为了保证《中华人民共和国烟叶税法》的有效实施，财政部、税务总局就纳税人收购烟叶实际支付的价款总额作了明确的说明，这个价款总额包括纳税人支付给烟叶生产销售单位和个人的烟叶收购价和价外补贴，其中价外补贴统一按烟叶收购价款的10%计算，这样的话纳税人交纳的烟叶税款计算公式就是：

应纳税额＝烟叶收购价款×（1＋10%）×税率

例：A烟草公司是增值税一般纳税人，2020年1月，A企业从烟农处收购一批烟叶，收购价款为200万元，货款已经支付，则该企业需要缴纳的烟叶税为：

应纳税额＝200×（1＋10%）×20%＝44（万元）。

四、征收管理

纳税人应当向烟叶收购地的主管税务机关申报缴纳烟叶税。烟叶税纳税义务发生时间为纳税人收购烟叶的当天，这个当天是指纳税人向烟叶销售者付讫收购烟叶款项或开具收购烟叶凭据的当天。

烟叶税按月计征，纳税人应当自纳税义务发生月终了之日起15日内申报并交纳税款。

第十五节　船舶吨税税率

船舶吨税是我国海关对外国船舶进出我国港口时，按船舶净吨位所征收的一种税，征收来的税款主要用于港口建设及海上干线公用航标的建设维护。

一、纳税人

从我国境外港口进入境内港口的船舶（简称应税船舶）都需要缴纳船舶吨税，船舶吨税的纳税人是应税船舶的负责人。

二、税率

船舶吨税的税率分为普通税率和优惠税率两种，那些与我国签订船舶税费最惠国待遇条约或协定的应税船舶享受我国的优惠税率，其他应税船舶适用普通税率，“吨税税目税率表”，如表 11 – 13 所示：

表 11 – 13　一般应税船舶的税目税率表

<table>
<tr><th rowspan="3">税目
（按船舶净吨位划分）</th><th colspan="6">税率（元/净吨）</th><th rowspan="3">备注</th></tr>
<tr><th colspan="3">普通税率
（按执照期限划分）</th><th colspan="3">优惠税率
（按执照期限划分）</th></tr>
<tr><th>1 年</th><th>90 日</th><th>30 日</th><th>1 年</th><th>90 日</th><th>30 日</th></tr>
<tr><td>净吨≤2 000</td><td>12.6</td><td>4.2</td><td>2.1</td><td>9.0</td><td>3.0</td><td>1.5</td><td rowspan="4">1. 拖船按照发动机功率每千瓦折合净吨位 0.67 吨。
2. 无法提供净吨位证明文件的游艇，按照发动机功率每千瓦折合净吨位 0.05 吨。
3. 拖船和非机动驳船分别按相同净吨位船舶税率的 50% 计征税款</td></tr>
<tr><td>2 000 < 净吨≤10 000</td><td>24.0</td><td>8.0</td><td>4.0</td><td>17.4</td><td>5.8</td><td>2.9</td></tr>
<tr><td>10 000 < 净吨≤50 000</td><td>27.6</td><td>9.2</td><td>4.6</td><td>19.8</td><td>6.6</td><td>3.3</td></tr>
<tr><td>净吨 > 50 000</td><td>31.8</td><td>10.6</td><td>5.3</td><td>22.8</td><td>7.6</td><td>3.8</td></tr>
</table>

三、应纳税额计算

船舶吨税的计税方法是根据船舶的净吨位和适用税率来计算的，计算公式为：

应纳税额=船舶净吨位×适用税率

例：2020年1月，某国（没跟我国签订船舶税费最惠国待遇）A运输公司的一艘货轮驶入我国港口，该货轮净吨位为3万净吨，该货轮负责人领取了期限为90天的吨税执照，则该货轮负责人需要缴纳船舶吨税为：

因为不是最惠国待遇，所以A公司适用普通税率，根据上面的“吨税税目税率表”，该货轮适用的税率是9.2元/净吨，所以该货轮应纳船舶吨税税额为：

应纳税额=3×9.2=27.6（万元）。

四、征收管理

船舶吨税由海关负责征收。应税船舶进入港口办理入境手续时，纳税人应向海关申报纳税，并领取吨税执照，或者交验吨税执照（或者申请核验吨税执照的电子信息）。应税船舶离开我国港口办理出境手续时，应交验吨税执照（或者申请核验吨税执照的电子信息）。

船舶吨税纳税义务发生的时间为应税船舶进入港口的当日，纳税人应当在海关填发吨税缴款凭证之日起15日内向指定银行缴清税款。对于逾期未缴清税款的，自滞纳税款之日起，按日加收滞纳税款0.5‰的滞纳金。

对于少征或者漏征税款的，应当自应税船舶应当缴纳税款之日起1年内，补交税款。但如果是应税船舶违反相关规定，造成少征或者漏征税款的，海关可以从应纳税款之日起3年内追征税款，并需补缴0.5‰的滞纳金。

应税船舶如果不按照规定申报纳税、领取吨税执照或者不按规定交验吨税执照及其他证明文件的，由海关责令限期改正，并处以2000元以上3万元以下的罚款；不缴或者少缴应纳税款的，处以不缴或者少缴税款50%以上5倍以下的罚款，但最低不得少于2000元。

第十二章　企业的纳税筹划

第一节　企业怎么才能合理合法地少缴增值税

企业的业务好也会带来一些烦恼，比如每月必须要缴增值税，这是硬性规定，还不能不交，怎么才能少交点？让自己的利润多一点呢？当然偷税、漏税或者购买发票这样违法的操作是不可以的，我们要利用国家的优惠政策，正大光明地少缴增值税。

纳税筹划的中心思想就是利用国家的税收优惠政策，通过合理的筹划，达到少缴税费的目的，所以企业想要少缴增值税，也要了解清楚国家和当地政府对增值税都有哪些优惠政策，然后结合企业的实际情况，进行合理的筹划。

关于增值税，国家出台过很多优惠政策，可以用来筹划的总结如下：

《财政部、税务总局关于实施小微企业普惠性税收减免政策的通知》（财税〔2019〕13 号）的规定：

> 从 2019 年 1 月 1 日起，合计月销售额未超过 10 万元（以 1 个季度为 1 个纳税期的，季度销售额未超过 30 万元，下同）的小规模纳税人，免征增值税。

看清楚这个优惠政策只是针对增值税小规模纳税人的，如果你的企业业务量不多，每月收入不足10万元，或者一个季度不足30万元，那么尽量选择小规模纳税人。如果小规模企业每月的收入不固定，有时很少，有时很多，可以预估一下，如果一个季度不超过30万元，则可以选择一个季度为一个纳税期，这样就不用缴纳增值税了。

比如，河南某小规模纳税人2020年4到6月的销售额分别是3万元、12万元、14万元，如果选择按月纳税的话，只有4月不用缴增值税，如果该企业选择按季纳税，则季度销售额为29万元，没有超过30万元的限额，所以增值税能全部免除。不过怎么选择要根据企业的实际情况来定。

现在国家对小规模纳税人的扶持力度会继续增加，如果增值税一般纳税人企业在进货时也没有足够的进项发票可抵扣，导致税负太高，可以考虑将自己的企业转成增值税小规模纳税人，这样能节省一大笔费用。

比如，之前是一般纳税人，增值税税率是13%，按一个月10万元不含税销售额算，不考虑进项税的话，每个月需要缴纳1.3万元的增值税，如果转成小规模纳税人每个月只要不超过10万元，就可以不用缴纳增值税，这笔钱就能省下来。

另外，现在增值税小规模纳税人也能自己申请开增值税专用发票了，对于一些必须要专票的购货方也能有所交代，虽然能抵扣的税额减少了，但是进货价格也相应地降低不少，优势还是有的。

国家对小规模纳税人的优惠不止如此。2020年因为疫情的影响，《财政部、税务总局关于支持个体工商户复工复业增值税政策的公告》（财政部、税务总局公告2020年第13号）、《财政部、税务总局关于延长小规模纳税人减免增值税政策执行期限的公告》（财政部、税务总局公告2020年第24号）规定：

> 自2020年3月1日至12月31日，对湖北省增值税小规模纳税人，适用3%征收率的应税销售收入，免征增值税；适用3%预征率的预缴增值税项目，暂停预缴增值税。
>
> 除湖北省外，其他省、自治区、直辖市的增值税小规模纳税人，适用3%征收率的应税销售收入，减按1%征收率征收增值税；适用3%预征率的预缴增值税项目，减按1%预征率预缴增值税。

> 对于转登记的纳税人，自转登记日的下期起，发生增值税应税销售行为，应当按照小规模纳税人的征收率开具增值税发票。对于转登记纳税人在一般纳税人期间发生的增值税应税销售行为，需要开具红字发票、换开发票、补开发票的，一律按照一般纳税人期间适用的税率或者征收率开具。

这意味着从2020年3月1日开始到2020年年底，湖北省的增值税小规模纳税人无论销售多少，都不用缴纳增值税了；湖北省以外的小规模纳税人如果每月销售额超过10万元，那么也只缴1%的增值税。这个优惠力度可以说很大了。

比如2020年5月，河北省的某小规模纳税人企业，当月累计月销售额为30万元，如果按之前的3%缴纳增值税，则需要缴纳9 000元增值税，但是现在只用缴纳3 000元，相当于节省了6 000元，当然还节省了一些附加税。还有这个优惠政策一直要到年底才结束。

如果有的一般纳税人年销售额没有超过500万元，可以在2020年年底前选择办理转登记为小规模纳税人，这是国家为了支持小微企业复工复业，将之前的转登记政策又延续了一年。有需要的一般纳税人可以自行办理。

想要享受增值税的优惠，除了选择小规模外，还可以将企业注册在一些税收洼地，利用一些区域性的税收优惠政策。

经过几年的“营改增”，现在中央和地方增值税分享比例是五五分成，也就是说地方政府可以利用这分得的五成增值税来经营招商引资。有的地方政府为了吸引周边城市的企业到当地投资，发展当地的经济，通常会给予实实在在的税收优惠政策来吸引企业。

很多地区都有经济开发，在哪里注册公司通常都能享受到一些税收优惠。比如某地的经济开发区就打出：只要你将企业注册在我这里，就能享受我们的税收扶持政策；凡在我园区注册的企业，增值税和企业所得税，以地方留存部分的50%~70%予以扶持；纳税大户一事一议。

这是什么意思呢？举个例子来说，如果你的企业注册在税收洼地了，当年你的企业缴纳了1 000万元的增值税，地方是按50%留存的，如果当地政府说给你按70%扶持，那么就是扶持你：1 000×50%×70%=350（万元）；如果当地政府说给你按50%扶持，那么就是扶持你：1 000×50%×50%=250（万元）。

有的地方政府为了让企业放心，还规定你当月缴纳的增值税，次月就扶持，并且逐月扶持，让你放心。有的地方还不用实体入驻，也不需要房租，很轻松就能少缴税费，为什么不享受呢？

第二节 筹划得当企业所得税也可以少缴

除了增值税，企业所得税应该是企业另外一个想要减轻的负担了，毕竟税负高达25%，如果想办法降低一些，企业的日子也能“富裕”一些。关于企业所得税的筹划，可以从以下几个方面去进行：

一、利用国家的税收优惠政策进行纳税筹划

1. 2019年，财政部、税务总局联合发布了《关于实施小微企业普惠性税收减免政策的通知》（财税〔2019〕13号），规定：

> 从2019年1月1日至2021年12月31日，小型微利企业年应纳税所得额不超过100万元的部分，减按25%计入应纳税所得额，按20%的税率缴纳企业所得税；对年应纳税所得额超过100万元但不超过300万元的部分，减按50%计入应纳税所得额，按20%的税率缴纳企业所得税。

注意这个所得税的优惠政策是针对所有小微企业的，也就是说不管是小规模企业还是一般纳税人企业，只要符合小微企业的条件，在2021年年前就能享受到这个优惠政策。

满足小微条件的企业，要提前预算一些企业的应纳税所得额，注意100万元和300万元两个临界点。如果有的企业在临界点附近，那就要好好筹划一下，可能只因为利润多那么一点点，要缴的所得税就

相差很多。

> 比如某企业符合小型微利企业的规定，2019 年其应纳税所得额是 300 万元，根据所得税优惠政策，它应缴纳的所得税为：100 ×25% ×20% + （300 -100） ×50% ×20% =25（万元）。
>
> 如果该企业没注意，在汇算清缴时又调整 100 元，也就是应纳税所得额变成了 300.01 万元，那么实际 2019 年该企业应缴纳的企业所得税就不是 25 万元，而变成了：300.01 ×25% =75.002 5（万元）了。

你看，就因为多了 100 元，就多缴纳了差不多 50 万元的税，这个原本是可以避免的。所以对于处于临界点附近的企业，一定要提前规划一下，可以提前购买一些原料、固定资产等方法，将利润降下来，从而达到合理避税的目的。

2. 2020 年 4 月 23 日，财政部、税务总局、国家发展改革委联合发布了《关于延续西部大开发企业所得税政策的公告》（财政部公告 2020 年第 23 号）：

> 自 2021 年 1 月 1 日至 2030 年 12 月 31 日，对设在西部地区的鼓励类产业企业减按 15% 的税率征收企业所得税。

国家为了发展西部，出台了不少优惠政策，一些收入比较大的企业可以根据自身的实际，考虑一下将企业设置在西部，毕竟所得税优惠的力度还是很大的。通常这样的地区，除了所得税有优惠，其他税收有优惠，另外，租金、水电等也会有优惠。如果你企业的主营业务正好属于《西部地区鼓励类产业目录》中规定的产业项目，并且主营业务收入占企业收入总额 60% 以上，那么你可以考虑将自己的企业设置在那里。

除了西部大开发外，很多地区都设有优惠税率的经济开发区，在注册企业前先了解清楚，如果可以设在那里将能降低自己的税负。

3. 另外，国家对重点扶持和鼓励发展的产业和项目，以及高新技术企业、技术先进型服务企业，企业所得税都减按 15% 的税率征收，如果你的企业属于里面的任何一种，那么就能享受到这个优惠政策。

国家对企业所得税方面出台了不少优惠政策，企业在核算前要了解清楚，学会利用这些税收优惠政策来减轻企业的负担，从而增加企业的竞争力。

二、利用企业的组织形式进行纳税筹划

有一些大的企业，业务遍布全国各地，为了更好地开展业务，大企业会选择在当地成立子公司或者分公司，到底是成立子公司还是分公司呢?

在选择之前首先要清楚分公司是没有独立的法律地位，它其实不是真正意义上的公司；而子公司是具有法人资格的，并且可以独立承担民事责任，是一个独立的公司企业。此外，我国对子公司和分公司的税收政策也是不同的，这个不同为我们纳税筹划提供了余地。

《中华人民共和国企业所得税法》第五十条规定：

> 居民企业以企业登记注册地为纳税地点；但登记注册地在境外的，以实际管理机构所在地为纳税地点。
>
> 居民企业在中国境内设立不具有法人资格的营业机构的，应当汇总计算并缴纳企业所得税。

从这个规定看，在缴纳企业所得税时，分公司是自动汇总到公司总部缴纳的，而子公司则可以自己单独核算纳税。总公司怎样利用分公司或子公司来做税务筹划，主要分以下几种情况：

1. 如果总公司盈利，而新设置的分支机构可能会出现亏损时，应当选择总公司、分公司的模式。

根据税法的规定，分公司的亏损可以用总公司的盈利来弥补，这样总公司就达到了延迟纳税的目的。如果这时成立的是子公司，因为子公司是独立纳税人，其所得税要自行申报，所以总公司就享受不到这个优惠了。

2. 当总机构亏损，而新设置的分支机构可能盈利时，应当选择母公司、子公司的模式。

这时子公司因为不需要承担母公司的亏损，可以自行完成资金的积累，让公司发展壮大，同时总公司还可以把一些效益好的资产转移给子公司，帮助它更快地发展。

3. 享受税收优惠的情况。

如果总机构所在地能享受到一些税收优惠，而分支机构享受不到这些优惠时，可以选择总公司、分公司的模式，这样分支机构也能享受跟总公司一样的税收优惠政策；如果分公司所在地也有税收优惠政策，当分公司盈利后，也可以把分公司变更为子公司，享受到当地的税收优惠政策，从而获得较好的纳税效果。

一般情况下，企业刚开始设立分支机构时，因为投入的成本、费用较多，出现亏损的概率较高，通常采用分公司的形式比较合适，这样分公司的亏损正好可以弥补总公司的盈亏，减少企业税负。不过一段时间后，当分公司开始盈利后，就可以将分公司变更注册为子公司，这样可以降低分支机构对总部的法律影响。一些大公司就是通过这种办法，将公司注册到有税收优惠政策的地方来享受税收的优惠的。

三、利用折旧进行纳税筹划

2019 年财政部、税务总局联合发布了《关于扩大固定资产加速折旧优惠政策适用范围的公告》（财政部、税务总局公告 2019 年第 66 号）：

> 从 2019 年 1 月 1 日起，将原来只适用于六大行业和四个领域重点行业的固定资产加速折旧范围扩大到全部制造业。

为了方便大家享受这个优惠政策，现将以往公布的加速折旧优惠政策总结如下：

1. 所有行业，只要单位价值不超过5000元的固定资产，可享受一次性税前扣除。

2. 所有行业，凡是在2014年1月1日后新购进的专门用于研发的仪器、设备，只要单位价值不超过100万元，就可享受一次性税前扣除，超过100万元的，可加速折旧。

3. 在2018年1月1日至2020年12月31日期间，所有行业的企业新购进的设备、器具，只要单位价值不超过500万元的，可享受一次性税前扣除。

4. 对于制造业企业在2019年1月1日后新购进的固定资产，可采取缩短折旧年限或采取加速折旧的方法。

5. 因为疫情的影响，财政部、税务总局于2020年2月6日联合发布了《关于支持新型冠状病毒感染的肺炎疫情防控有关税收政策的公告》(财政部、税务总局公告2020年第8号)，公告规定：

> 自2020年1月1日起，允许疫情防控重点保障物资生产企业为扩大产能新购置的相关设备一次性计入当期的成本费用，并在企业所得税税前一次性扣除。

能享受这一优惠政策的企业，如果2020年盈利较多，可以将相关设备一次性在税前扣除，从而达到延迟纳税的目的。不要小看延迟纳税，这个税款利用好了也能产生很大的效益。

各企业根据自己企业的特点，选择适合自己企业发展的方式进行所得税的筹划。

第三节　企业捐赠的正确方式

现在很多企业都具有社会责任感，当一些地方遭遇困难时，会自发进行捐赠，帮助它们渡过难关。不过企业在捐赠前应充分了解国家的相关政策，跟企业的纳税筹划结合起来，这样既能合理避税，又能提高企业的知名度。

2020 年 5 月 13 日，财政部、税务总局、民政部三部门联合发布了《关于公益性捐赠税前扣除有关事项的公告》（财政部公告 2020 年第 27 号），就公益性捐赠税前扣除的有关事项作了以下规定：

> 企业或个人通过公益性社会组织、县级以上人民政府及其部门等国家机关，用于符合法律规定的公益慈善事业捐赠支出，准予按税法规定在计算应纳税所得额时扣除。企业或个人将符合条件的公益性捐赠支出进行税前扣除，应当留存相关票据备查。

这个公告告诉我们，企业的捐赠想要享受税法规定的税前扣除优惠，要满足三个条件：

1. 只有通过公益性社会组织、县级以上人民政府及其部门等国家机关的捐赠才能进行税前抵扣。这里的公益性社会组织，包括依法设立或登记并按规定条件和程序取得公益性捐赠税前扣除资格的慈善组织、其他社会组织和群众团体。企业在捐赠前，首先要确认自己捐款的公益性社会组织有没有取得公益性捐赠税前扣除资格，如果有，自己捐后才能进行税前扣除；如果没有，捐完后也无法进行税前扣除。

2. 只有用于公益慈善事业的捐赠支持才能进行税前抵扣。

所谓公益事业是指：救助灾害、救济贫困、扶助残疾人等困难的社会群体和个人的活动；教育、科学、文化、卫生、体育事业；环境保护、社会公共设施建设；促进社会发展和进步的其他社会公共和福利事业。

所谓慈善活动是指：扶贫、济困；扶老、救孤、恤病、助残、优抚；救助自然灾害、事故灾难和公共卫生事件等突发事件造成的损害；促进教育、科学、文化、卫生、体育等事业的发展；防治污染和其他公害，保护和改善生态环境；其他符合《中华人民共和国慈善法》规定的公益活动。

3. 记得索要相关票据并留存被查。

对于公益捐赠的税前扣除限额，《中华人民共和国企业所得税法》第9条规定：

> 企业发生的公益性捐赠支出，在年度利润总额12%以内的部分，准予在计算应纳税所得额时扣除。

2018年，财政部、税务总局《关于公益性捐赠支出企业所得税税前结转扣除有关政策的通知》（财税〔2018〕15号）中规定：

> 企业通过公益性社会组织或者县级（含县级）以上人民政府及其组成部门和直属机构，用于慈善活动、公益事业的捐赠支出，在年度利润总额12%以内的部分，准予在计算应纳税所得额时扣除；超过年度利润总额12%的部分，准予结转以后三年内在计算应纳税所得额时扣除。

企业捐赠最好选择盈利的年份，这样才能进行纳税筹划。如果企业当年本来就是亏损的，还进行公益捐赠，这个捐赠支出不仅无法享受到当年的税前扣除优惠政策，也不能结转到以后年度进行扣除。

通常企业可以通过纯现金捐赠、现金捐赠+个人捐赠、现金捐赠+实物捐赠、纯实物捐赠、企业实物捐赠+个人捐赠、公益基金捐赠这六种方式进行捐赠。从纳税成本来看，实物捐赠的纳税成本最高，现金捐赠的纳税成本最低，因为实物捐赠等于销售，还需要缴纳增值税。

企业公益捐赠的纳税筹划，就是通过捐赠的一些优惠政策，让企业少缴税费，达到节税的目的。比如有的企业税前利润在一些优惠政策的临界点，这时如果进行公益捐赠，不仅能节税，还能获得一些美名。

例：某小型微利企业，2019年的会计利润是340万元，企业所得税税率为25%，为了提高企业的知名度，准备向某学校捐赠40万元。该企业想通过非公益性组织直接进行捐赠，请对其进行捐赠筹划。

如果不对该企业的捐赠进行筹划的话，其通过非公益性组织的捐赠不能税前扣除，所以2019年需要缴纳的所得税是：340×25%=85（万元）。

如果对其进行筹划，让该企业通过公益性社会团体进行捐赠，就可以享受税前抵扣的优惠政策，根据《中华人民共和国企业所得税法》的规定，该企业可以允许税前扣除的公益性捐赠限额为：340×12%=40.8（万元），而该企业准备捐出40万元，没有超出限额，可以全额抵扣。

捐赠40万元后，该企业当年的应纳税所得额为340-40=300（万元），正好满足小型微利企业所得税优惠政策，所以其当年应纳所得税额为：100×25%×20%+（300-100）×50%×20%=25（万元）。

没有筹划之前，该企业捐赠加所得税共需支出：40+85=125（万元）；但是筹划之后该企业捐赠加所得税一共支出：40+25=65（万元），相当于节省了60万元。

第四节　年终奖怎么发给员工最合适

每年很多公司都有拿出一笔钱给员工发年终奖，用来奖励员工一年来的辛苦付出，但是看到到手的年终奖因为个税严重“缩水”，心里总会想如果能少缴点税就好了。对于员工的年终奖，其实财务人员可以通过适当的税务筹划让他们少缴税的。

怎么筹划呢？我们先来看看相关的政策法规，所有的筹划都要在政策允许的范围内。

2018 年 12 月，财政部、税务总局发布了《关于个人所得税法修改后有关优惠政策衔接问题的通知》（财税〔2018〕164 号），通知中规定：

> 全年一次性奖金是指行政机关、企事业单位等扣缴义务人根据其全年经济效益和对雇员全年工作业绩的综合考核情况，向雇员发放的一次性奖金。
>
> 一次性奖金也包括年终加薪、实行年薪制和绩效工资办法的单位根据考核情况兑现的年薪和绩效工资。

居民个人取得全年一次性奖金，符合《国家税务总局关于调整个人取得全年一次性奖金等计算征收个人所得税方法问题的通知》（国税发〔2005〕9 号）规定的，在 2021 年 12 月 31 日前，不并入当年综合所得，以全年一次性奖金收入除以 12 个月得到的数额，按照本通知所附按月换算后的综合所得税率表（以下简称月度税率表），确定适用税率和速算扣除数，单独计算纳税。计算公式为：

应纳税额 = 全年一次性奖金收入 × 适用税率 – 速算扣除数

居民个人取得全年一次性奖金，也可以选择并入当年综合所得计算纳税。

自 2022 年 1 月 1 日起，居民个人取得全年一次性奖金，应并入当年综合所得计算缴纳个人所得税。

这个通知的意思就是在 2022 年 1 月 1 日之前，居民个人取得的全年一次性奖金可以单独计算纳税，也可以并入综合所得计算纳税，这就有了纳税筹划的余地。

税务总局还规定，一个纳税年度内，每一个纳税人只能采用一种方法计算全年一次性奖金的应纳税额，并且除了全年一次性奖金以外的其他各种奖金，比如半年奖、季度奖、加班奖、考勤奖等，都必须并入当月工资、薪金收入，根据税法规定缴纳个税。

这意味着，只有全年一次性奖金才能享用通知中的优惠政策，其他的各种奖金都不能并入其中。

对于国家的这个政策，我们用一个具体的例子来说明采用什么样的方式发放薪资，可以让员工的利益最大化。

例：2019 年，李某的年薪为 36 万元，假如李某每月缴纳的可以税前扣除的基本养老保险、基本医疗保险、失业保险和住房公积金共计为 4 000 元，假设李某每个月的专项附加扣除额合计为 4 000 元。怎么设计李某的薪酬使他应纳的个税较少呢？

三种方案李某应缴纳个税比较图见图 12－1。

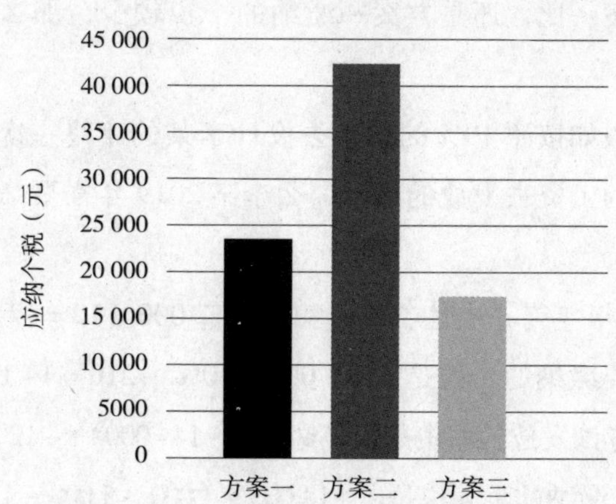

图 12－1　李某缴纳个税三种方案比较图

方案一：假如将李某的薪资设计成每月 3 万元，那么李某 2019 年应缴纳的个税是多少呢？

李某的应纳税所得额为：

30 000－4 000（专项扣除）－5 000（起征点）－4 000（专项附加扣除）＝17 000（元）。

李某每月应缴纳个人所得税为：

17 000 ×20% －1 410 =1 990（元）

那么李某 2019 年应纳个税一共是：1 990 ×12 =23 880（元）。

方案二：假如将李某的薪酬设计成每个月先发放 3% 税率的薪资，剩余的部分等年末按照全年一次性奖金发放，这样李某每个月薪资就是 3 000 +5 000 +4 000 +4 000 =16 000（元）。

李某每个月需要缴纳的个人所得税为：3 000 ×3% =900（元）。

年终一次性奖励的金额是：360 000 －16 000 ×12 =168 000（元）。

年终一次性奖励需要缴纳的个人所得税为：168 000 ×20% －1 410 = 32 190（元）（因为，168 000 ÷12 =14 000（元），适用税率为 20%）。

所以，李某 2019 年应缴纳的个税一共是：32 190 +900 ×12 =42 990（元）。

这两个方案一比，还是方案一缴纳的个税较少，那么还有没有比方案一更少的呢？

方案三：假如按照 10% 的税率去设计李某的年终一次性奖励，剩余的部分按每月的工资去发放的话，那么李某 2019 年需要缴纳的个税又是多少呢？

李某 2019 年年终一次性奖励金额为：12 000 ×12 =144 000（元）。

这部分需要缴纳的个税是：144 000 ×10% －210 =14 190（元）。

李某每月应该发放的薪资是：（360 000 －144 000） ÷12 =18 000（元）。

李某每月应缴纳的个人税是：（18 000 －4 000 －5 000 －4 000） ×10% － 210 =290（元）。

则李某 2019 年需要缴纳的个人税是：14 190 +290 ×12 =17 670（元）。

这样一比较，方案三比方案一缴纳的个税还少，如果将李某的薪资设计成方案三，那么每年李某比方案一少缴个税：23 880 －17 670 =6 210（元）；比方案二每年少缴个税：42 990 －17 670 =25 320（元）。

你看，财务人员只要换一种薪资计算公式，就能给员工省下不少钱。

员工拿到手的钱多了，对企业的满意度也会增加，对企业的黏性也会增加，这样企业也更具竞争力。

附录　按月换算后的综合所得税税率表

附表 12－1　按月换算后的综合所得税税率表

级数	全年应纳税所得额	税率	速算扣除数
1	不超过 3000 元的	3%	0
2	超过 3000 元至 12 000 元的部分	10%	210 元
3	超过 12 000 元至 25 000 元的部分	20%	1 410 元
4	超过 25 000 元至 35 000 元的部分	25%	2 660 元
5	超过 35 000 元至 55 000 元的部分	30%	4 410 元
6	超过 55 000 元至 80 000 元的部分	35%	7 160 元
7	超过 80 000 元的部分	45%	15 160 元